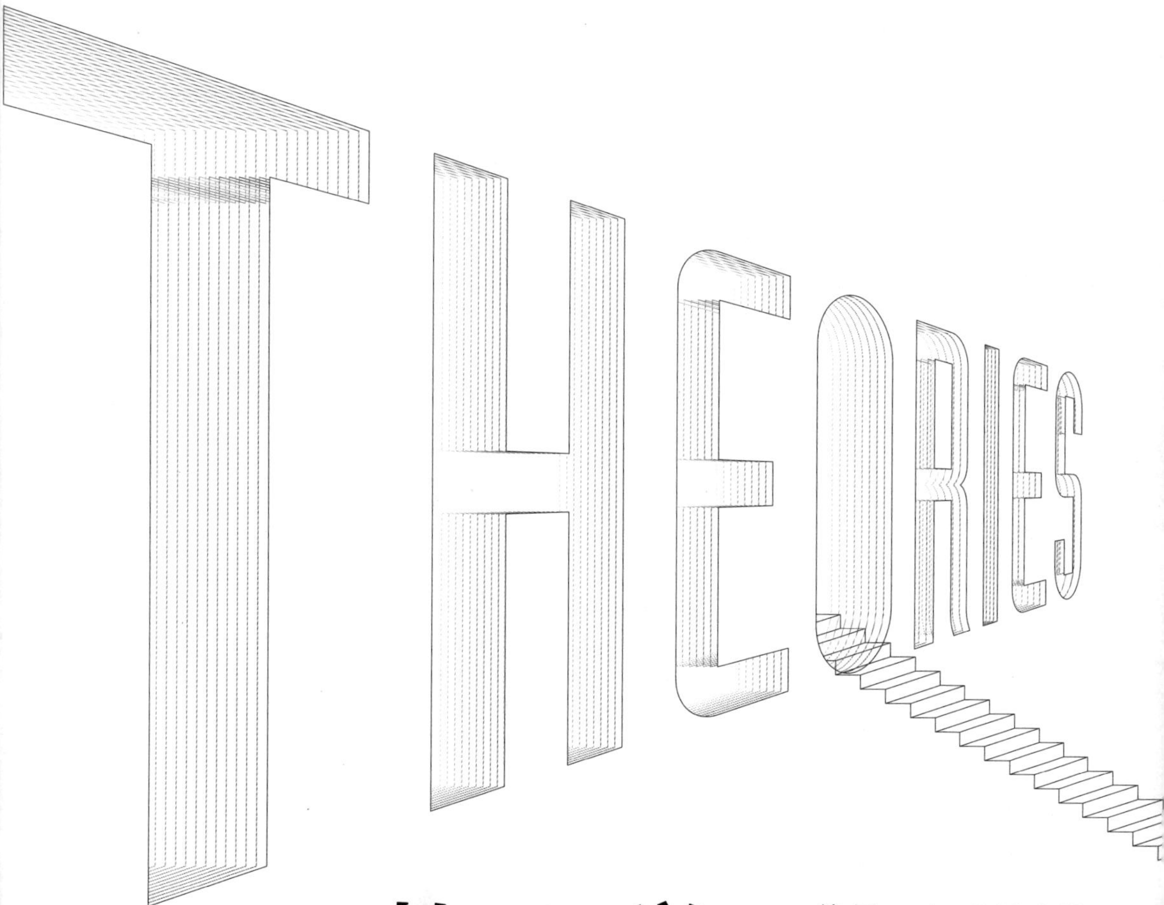

［英］卡萝尔・汤普森（Carol Thompson）
［英］莉迪亚・斯彭斯利（Lydia Spenceley）著
郭晓娜 译

Learning Theories for Everyday Teaching

学习理论的日常教学应用

上海教育出版社
SHANGHAI EDUCATIONAL PUBLISHING HOUSE

Contents

目录

第4章　激励学习者

第5章　发展学习者的思维

第6章　与他人一起学习

第7章　共建学习

前 言

在迈入成年之际，我们已经学了很多。我们可以说话、阅读、写作、 1
演奏音乐、创作美术作品，也可以强身健体、表情达意，等等。我们通过各种各样的经验学会了做这些事情，并且在此过程中以自己特有的方式来理解事件。从某种意义上说，我们将经验“储存”起来，以便其发挥效用。

教学面临许多挑战，而这些挑战往往源于群体经验的多样性。故事是一种介绍信息的有用工具，因为它可以帮助我们打破常识，打开理解事物的新窗口。故事能够激发想象力，而讲座式课堂却不能。讲故事就好比绘画，细节被语境化，使群体中的每一位成员都能牢记于心。

本书为即将开始教师职业生涯的新教师量身打造，适用于不同的教育阶段。本书关注的是支撑教学方法的那些理论，不可避免地需要探索一些抽象的、不太好理解的理论概念。因此，我们选择了讲故事的方式，在故事创设的语境中展示理论与实践如何联系。本书不仅仅探讨教学技术——尽管这个内容将贯穿始终——它更着眼于运用理论帮助你教学，帮助你的学生更有效地学习。

我们在本书中使用的故事，采取了案例研究的形式，代表的是一群教师的思索和经验。每章我们都会介绍一个新人物，并概述这类教师所关心的问题。随后，我们将从教育理论的视角解释他们的发展，以期澄清理论，并强调将这些知识应用于实践的重要性。有一点需要记住，理论并非在任何环境下均适用，你也许需要从众多理论和思想流派中选取要素，即采用一种筛选和重组的方法。这么做没什么错——如果有效，你就可以将它应用到实践中去。

我们希望你在阅读本书的过程中，能够逐渐明了将理论应用于实践的好处，也特别建议你跟其他人谈谈自己的想法。我们相信，谈论教学有利于树立信心、拓展思路，因此我们在每章中都设置了“导师时刻”板块。这一板块包含了与每章内容相关的能够促进讨论的问题。这样做的目的是帮助你跟导师或任何你想与之谈论教学的人进行专业讨论。

那么，准备好了吗？让我们开始吧，我们想给你讲一个故事……

第 1 章

理论有什么用

本章我们将探讨：

- 理论是什么
- 为什么说理论是有用的
- 课堂上的行为主义、认知主义和建构主义
- 反思性实践

引言

3 从事教师教育工作以来，如果在每次被问到“理论有什么用”这个问题时都能得到 1 便士（1 便士 ≈ 0.088 元）的话，我将变得非常富有。为获得教学专业资格，新入职的教师们在迈出学习的第一步，尤其是提交第一份课程作业时，常常会问这个问题。许多新教师发现，在课程参考书涉及的（常常相互矛盾的）理论与自己的实践之间架起桥梁，是一个难题。在这些书中，教学艺术看似简单，实际上教师却很难将读到的理论与自己那乱作一团、令人沮丧的课堂实践统一起来。

实话说，此时此刻，我很难给出一个言简意赅的答案，因为他们中的许多人寻求的是两个不同的问题——“在我的课堂上，理论到底有什么用？”“学习这些东西，能够怎样帮助我更有效地教学？”——的答案。换句话说，他们真正想知道的是，所谓的“理论”怎样才能与他们的实践联系起来，以及“理论”对他们的专业实践有什么用。针对他们的问题，书里经常答道：“了解理论能够帮助我们更有效地教学。”这类答案很肤浅，并没有解释为什么熟悉教学理论与他们个人的教学经验会产生联系，以及怎样产生联系。与教育本身类似，发现理论的意义，也是个人的一次探索之旅。这常常令人灰心丧气、茫然无措，充满了黑暗和困
4 惑的时刻，但也有“灵光一现”的时刻。灵感来临的时间是不可预测的，它取决于个体、环境，以及他们在探索教学和课堂实践的过程中所经历的情况，但它总是会发生。为了探讨理论和实践的联系，我们向大家介绍萨沙。作为一名正努力争取教学资格的新教师，萨沙经常写日记。通过阅读他的日记摘要，我们能够找到运用理论开展课堂实践的方法。

图 1.1　萨沙的故事

案例研究

萨沙的日记

5 我找到了一份新工作！干得不错！终于能在一所学院里真正地教学了——这么多年来，我一直在教徒弟们如何做好本职工作。不是我吹牛，我是一个不错的老师。我的老师当年是怎么教我的，我就怎么教他们。

学院的同事发了工作计划和教案之类的一大堆资料让我熟悉，但我真不觉得自己需要什么帮助。我唯一需要的就是立马开工，把我知道的教给学生。哦，对了，他们想让我取得教学资格，这意味着我需要了解教学理论——我就要走马上任了，真看不出这时候学这个有什么意义，但是既然合同要求了，我就只好照做。

从这则日记中我们可以看到，萨沙显然认为，理解教学理论远不如实践经验重要。柯斯根、凯塞尔（Korthagen and Kessels, 1999）以及斯彭斯利（Spenceley, 2014）认为，教师偏爱的教学方法和当年他们的老师使用的教学方法有着密切的联系。萨沙目前的教学经验都是从带徒弟的实践中得来的，但正如莱夫和温格（Lave and Wenger, 1991）指出的那样，学徒的学习通常根植于他们从事的活动、工作环境以及组织文化。学徒通过模仿老师以及他们观察到的行为模式来学习，但是萨沙似乎认为，这种教学形式在一个不同的环境——更正规的教育环境中仍然适用。然而，萨沙不可能指望一名医生在不了解药理（而不仅仅是来源于实践的知识）的情况下就给人治病，那么在教学方面，他有什么理由认为理论没有实践经验重要呢?

“理论”究竟是什么

在探讨为什么萨沙也许低估了理论在有效课堂实践中的作用之前，有必要弄清楚我们所说的理论到底是什么意思。遗憾的是，肖利的研究表明，在大多数教师的教育课程刚开始时，学生往往认为理论*“无聊”“含糊”“脱离实际”“显而易见”或“废话连篇”*（Sjolie, 2014, p.741），觉得它们与自己的教学实践和教学经验关系不大。理论通常被视为一套可以用来解释事实、事件或观点的想法或一般性原则，但也可以被视为一套有可能指导行动的规则（Dye, 1999）。从这个意义上说，理论是一种抽象知识，是*他者（或专家）的思想和经验*（Sjolie, 2014, p.731）。正如奈特（Knight, 2015）所说，这些理论常常被直接应用于课堂实践，导致大多数人认为它们脱离现实。这样一来，理论就变成了一套教师用来解释或指导教学实践的抽象的、一般性规则。如果是这样的话，仅仅用现有理论指导实践，就会导致人们固守现状，使 21 世纪有关教与学的创新实践几乎失去了改变和发展的空间。

尽管如此，关于理论的起源问题，还存在另外一种观点——“扎根 6
理论”（grounded theory）。格拉泽和斯特劳斯（Glaser and Strauss, 1967）认为，理论应源于特定情境中的实践活动，而非源于对抽象的分析观点和已有理论的应用，这就为新理论的发展开辟了空间。换句话说，扎根理论的基础是经验，即实践者在特定情境下解决问题的有效方法。如果将来出现类似情况，他们就可以参考这些经验。这种方法有利于新理论的发展，而新理论也许更适合不断变化的教育环境。因此，现在我们有两种形式的理论：一种是抽象的、涉及一般性原则的理论，亚里士多德将其描述为“认识论”（epistemic theory）；另一种则源于实践，又称“实践智慧”（phronetic theory）。这两种解释都是合理的，但都没有回答本章前面学生提出的问题：“在我的课堂上，理论到底有什么用？”“学习这些东西，能够怎样帮助我更有效地教学？”——换言之，理论与实践如何联系？

案例研究

萨沙的日记

我必须为这门课写点儿什么——我小时候就放弃写日记了，但我觉得以后有必要写一写。我熬过了今年上半年，虽然经历了严峻的考验，但差不多应付过来了。一些老师给了我很大帮助，告诉我如何处理日常工作。一些学生学得不错，但大多数学生似乎记不住我对他们说的话。记不住那是他们的错——在我讲基础知识的时候，他们根本没有集中注意力。他们好像没有意识到，在学习真正有趣的内容之前，他们需要了解基本原则。有时他们看起来对这门学科根本就不感兴趣，可如果他们不感兴趣，为什么还要选修这门课呢？

哦，对了，我开始接受培训了。看起来有点儿无聊，有时我很难集中注意力，而且目前我还没有学到什么关于如何改进教学的知识。培训老师说我必须使用引语，好吧，到目前为止我也是这么想的，全都是“词语，词语，词语……我受够了词语！”——有一首歌就是这么唱的，但我想不起是哪首了。在我看来，培训就是记笔记、思考笔记的内容而已——就好像我有时间做这些一样！

活动 1.1

回顾你读过的内容，列出让萨沙犯难的事情。

你列出的第一件事很可能是萨沙对学生的评论：“在学习真正有趣的内容之前，他们需要了解基本原则。”每门学科都是以理论或一般性原则作为支撑的，学生在掌握更复杂的内容之前，需要理解这些理论和原则。萨沙没有意识到的是，这也是他难以将学生吸引到学习中来的原因，即对支撑有效教学的原则（或理论），学生缺乏基本的理解。

案例研究

萨沙的日记

好吧，我开始有些明白了。我尝试运用了一些行为主义理 7
论，一遍又一遍地跟学生讨论同样的内容，但他们真的对此很厌倦，兴味索然——这没什么用，对我来说也不怎么有趣。当我向另一位老师抱怨这件事时，他建议我在快下课的时候让学生做一个有分数奖励的小测验。我试了一下，他们似乎感兴趣多了。当他们争先恐后地喊出答案的时候，气氛变得热烈起来。这让我意识到，他们是知道答案的。或许现在我们可以开始做些实际的工作了。

萨沙这则日记描述的，正是奈特（Knight, 2015）所说的从被动接受理论到拥有理论的发展过程。这里学生被动接受的理论就是一种行为主义理论［1938 年斯金纳（Skinner）提出了人在行为塑造中的操作性条件反射这一概念］，是作为抽象概念被学习的。但萨沙将理论视为一种在特定情境下可以用于实践的知识形式，从而“拥有”了它，将其内化于心。萨沙也发现，不是所有理论都奏效。一开始，萨沙根据巴甫洛夫（Pavlov）在 19 世纪 90 年代的研究，尝试使用一种“刺激—反应”的方法，和学生反复讨论相同的内容，直到学生给出他想要的答案。后来萨沙改变了方法，使其更符合实际情况——通过提供奖励（斯金纳在 20 世纪 30 年代提倡的方法），最终实现了让学生记住理论这一主要目标。

案例研究

萨沙的日记

我认输了——我敢肯定学生都知道这个理论，但他们就是不会把理论与实际工作联系起来。我让他们解决一个简单的实际问题，他们就是解决不了！他们到底怎么啦?

虽然萨沙看起来已经到达了奈特所说的“拥有”教学理论的阶段，但学生还是没有“拥有”所学理论。奈特认为，理解理论的第二个发展阶段，是能做到从一般到具体，即能运用理论来理解实践。然而在没有充分理解理论的情况下，想要将一般性原则用于一个具体情境，是不可能一直成功的。如果不理解原则背后的原理，就很难搞清楚为什么这些原则在实践中不起作用。想一想儿童学乘法的方式，他们通过死记硬背乘法口诀，记住了 6×8=48 这个等式。面对老师的问题，他们能够给出正确答案（而且几乎立即就能回答），但他们并不知道为什么 6×8=48，
8 只是简单地给出答案而已。现在，孩子们在课堂上采用其他方式学习乘法。在理解了数字理论和乘法原理之后，他们可以自己算出答案。教学也是一样，运用一般性原则并不能确保成功，虽然它具有指导意义，但是否成功取决于具体情境。在课堂实践中，萨沙越来越认识到与理论有关的一个主要困境——理论和实践之间的关系问题。对此，教师和专家都深有同感。在没有理解理论的情况下加以应用，理论就只不过是一个普通的“处方”，可能有效，也可能无效，视情况而定。

案例研究

萨沙的日记

圣诞节就要到了，而我人生的所有圣诞节似乎一起到来了！我在课堂上讲到了一些有关认知主义的内容，比如如何有逻辑地组织资料，以便学生看到事物之间的联系。我试了试，给学生演示怎样一步一步做事，解释这个理论适用于什么情境，这起作用了——他们明白了！他们可以回答小测试中的问题，告诉我是什么以及为什么。太棒了，我可以教书！

从这则日记中可以看出，正如萨沙所期望的那样，学生已经能够将一般理论应用于具体情境中。这则日记透露的重点是，萨沙开始用理论来理解课堂实践，而非仅仅用抽象的原则来解释它——用奈特（Knight, 2015）的话说，就是萨沙开始“拥有”理论了。萨沙已经认识到课堂上亟待解决的问题——学生不能将理论应用于实际任务，也认识到只使用行为主义（暗示一种行为会引发另一种行为的因果理论）的原则教学是不够的。只使用行为主义的原则教学，通常会导致学生虽然能够给出问题的答案，却不理解答案是如何得出的。因此，萨沙开始改变教学方法。他引入了基于认知主义的教学方法，用符合逻辑、循序渐进的解释来展示理论不同构成要素之间的联系，使学生明白了如何使用理论，或者说，如何运用原则寻找答案。

在解决实际问题的过程中，萨沙（可能无意间）使用了一般性原则（课堂上学到的认知主义原则）和扎根理论（源于经验的知识），来建立知识体系（理论）和实践智慧（实践）之间的联系，以解决课堂实践中的具体问题。柯斯根和凯塞尔（Korthagen and Kessels, 1999）将这个过程与格式塔（Gestalt）[①] 的实践经验所触发的图式开发过程（Piaget, 1936）联系起来。图式（schema）是一个心理学概念，它以个体从先前的个人经历中获得的信息为基础，被储存在记忆中。一旦新情况出现，个体会
9 无意识地回溯图式，以预期将要发生的事情。柯斯根和凯塞尔将格式塔定义为*需求、感觉、价值、意义和行为倾向性的动态和整体的统一，而这些都是由当下的情境触发的*（Korthagen and Kessels, 1999, p.9）。在这种情况下，萨沙最初的挫败感，以及学生无法用来解决实际问题的理论知识，构成了图式的基础。通过分析情境，思考不同理论及其潜在的结果，萨沙能够为图式添加新内容。萨沙决定使用认知主义策略，为学生演示支撑原则的逻辑思考过程，使他们明白了各要素之间的联系。当萨沙发现假定的解决方案在实践中行得通时，图式就得到了进一步发展；如果将来出现类似的情境，萨沙就可以参考这个扩展的图式来解决新问题。随着新情境的发展，课堂教学环境也在发生变化，我们就能够获得新的相关经验，从而为图式添加新要素。

案例研究

萨沙的日记

真糟糕！我以为我已经用认知主义破解了难题。学生能够用理论解决一个简单的实际问题，但是不能进一步用理论和

① 格式塔心理学是心理学重要流派之一，兴起于20世纪初的德国，由心理学家马克斯·韦特海墨（Max Wertheimer）、沃尔夫冈·科勒（Wolfgang Köhler）和库尔特·考夫卡（Kurt Koffka）创立。“格式塔”是德文Gestalt的音译，意即模式、形式，指的是动态的整体。格式塔理论强调经验和行为的整体性，认为有机体感知的是整个模式或结构，而不仅仅是单个的组成部分，即“整体大于各部分之和”。例如，我们对一朵花的感知，并非单单源于对花的形状、颜色、大小等的感受，还包括我们过去有关花的经验和印象，这些加起来才是我们对一朵花的感知。——译者注

原则解决不同类型的问题。认知主义让我压力倍增。为了整合内容以展示知识之间的联系，我需要没完没了地准备，这太耗时了，而且学生好像仍然提不起兴趣。我该怎么办？或许我的老师有什么想法——这门课比我想象的更有用，所以值得一试——我敢打赌她还有其他我可以尝试的理论。教学并不像人们说的那么容易！

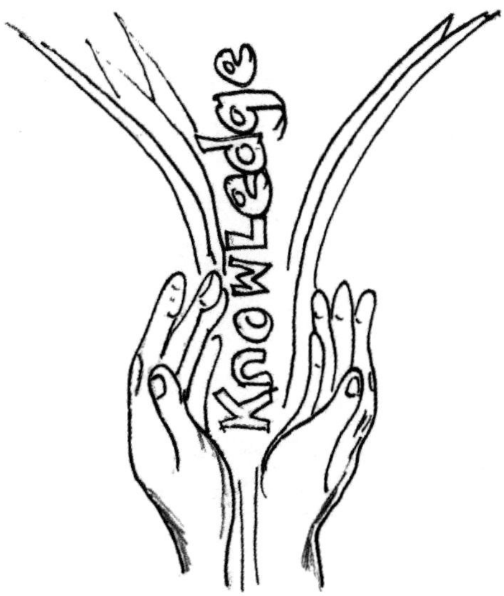

图 1.2　给予知识

看起来萨沙的学生正在进步，但是到目前为止，萨沙一直将精力集 10
中在向学生传递知识上。行为主义和认知主义都将“知识”视为能够捆绑起来传递给别人的东西，是*个体心灵之外的实体*（Morrison, 2014）。行为主义认为知识是教师可以给予学生的一种商品，而认知主义注重发展学生的心理结构，以便他们能够为现有的图式添加新知识（由教师以“组块”的形式提供给学生）。在这则日记中萨沙提到，认知主义的教学方法使自己的备课时间过长，而学生依旧不能按照他期望的方式学习。当萨沙向课程导师说明这个情况的时候，她建议萨沙尝试运用建构主义的一种教学方法，不是给学生“提供”知识，而是让学生积极参与。

建构主义认为，知识不是可以提供给学生的一种商品，而是由个体自己建构的东西。学生各不相同，这是显而易见的。他们也许有一些相同的经历，比如上同一所学校，或乘坐同一辆公交车上学，但是他们的社会和文化背景、人生经验等各不相同，他们会交不同的朋友，读不同的书，有不同的兴趣爱好，等等。所有这些差异，都将有助于个体形成自己对世界的“认识”，个体以自己理解世界的方式塑造已有的图式。建构主义基于这样一种理念：学生在将新信息和先前的经验联系起来的过程中，会调整现有的思维模式来容纳新信息，从而建构他们的知识。建构主义认为，认识和理解是高度个人化的东西。每个学生都将以自己的方式建构知识；他们积极参与理解新信息的过程，并将其添加到个人图式中去。

图 1.3　建构学习

11 在建构主义者看来，知识是由个体建构的，因此必须承认，学习路径既不是线性的，也不是统一的。“学习”不是商品，不是说教师简单地将知识整合为不同的小块，就可以“给予”或“传递”给学生——它需要学生个体积极参与。因此，在教师使用的教学方法、课堂互动方式，以及教师在教学中扮演的角色方面，建构主义理论对教学实践能够产生相当大的影响。教师要敢于放手，从无所不知的传授者向指导者转变，将学习的责任转移到学生身上。

案例研究

萨沙的日记（一则）

哎呀，运用建构主义理论可是个不小的考验，但是今天我在 HND[①] 课堂上做了尝试。距离考试只有几周时间了，所以我觉得和他们一起尝试一种新的教学法是相当安全的。不过，建构主义还是挺可怕的，因为学生不只向我学习，他们还在互相学习，这样我并不总能掌控事态的发展。我一直以为，作为一名教师，我就应该掌控一切，必须掌握所有知识并将其传授给学生。但现在我提出一个问题，他们似乎自己就能解决。好在当我放开双手让学生探究的时候，他们被深深地吸引了，注意力水平也随之上升（尽管有些学生仍然想让我使用组块的方法）。对我来说，这算得上一个挑战，但似乎对学生产生了影响。

① HND 是 Higher National Diploma 的简称，即英国高等教育文凭。学生获得该认证，就相当于完成了三年制大学里的二年级课程。而 HNC 则是 Higher National Certificate 的简称，即英国高等教育证书。学生获得该认证，就相当于完成了大学一年级的课程。两者都倾向于培养与工作相关的职业技能，可以引导学生直接进入职业生涯，或继续学位学习。——译者注

· 案例研究 ·

萨沙的日记（二则）

这种教学法对HND课程的新生不管用！今天我在课堂上尝试新的教学法，这简直就是一场灾难——新生做不到，我不得不重新解释一切，并替他们建立联系——我就知道，好到难以置信，也许就真不可信！从头再来吧。

看来萨沙对建构主义的评价褒贬不一，然而再仔细观察一下这两则日记，我们就能发现一些影响建构主义在教学中应用的重要因素。

建构主义的两个主要代表人物是维果茨基（Vygotsky）和布鲁纳（Bruner）。尽管两人著书立说的时间和地点不同——维果茨基是在20世纪30年代斯大林时期的苏联，而布鲁纳是在20世纪后半叶的美国——但他们的理论方法有许多相似之处。两者都认为学习是一种个体活动，教师可以通过搭建脚手架，帮助学生理解新知识来支持和促进这种个体的学习活动。针对基本知识和技能，教师首先会为学生搭建一个
12 稳固的框架（可能使用认知主义的教学方法），然后开始退出传统的教师角色，使用一些技术，比如个人或小组研究项目，或萨沙使用的问题教学法等，鼓励学生创造性地运用基本技能和知识，自己寻找答案。然而正如艾伦和赖特强调的那样，*对同一个现象，不同的个体也许会构建不同的意义*（Allen and Wright, 2014, p.138）。学生寻找答案的过程及得出的解决方案，可能并非教师所期望的，也可能并不正确，在这种情况下，教师就需要在学生探索学习的过程中给予指导、提示或引领，使他们能够解决难题。尽管如此，解决问题的责任仍然在于学生自己，教师则扮演“更有见识的他者”（Vygotsky, 1978）的角色，以帮助学生跨越维果茨基提出的“最近发展区”（即学习者已经达到的发展水平与可能达到的发展水平之间的差距）。

在萨沙的新学生中有这样一些人，他们之前学习过某些学科知识，可以运用这些知识解决萨沙提出的问题。通过选择可以用来回答问题的原则或理论，学生能够批判性地分析和评估他们学过的这些原则和理论的价值。在奈特（Knight, 2015）看来，这些学生正从接受理论的层次，转向质疑理论在实践中的有效性的层次。还有一些新生没有这样的基础，无法解决问题。对这些学生来说，认知主义的教学方法（给学生提供“组块”知识，以帮助他们建立基础）也许更合适。在教学过程中，哪些需要“给予”，哪些需要与个人或小组协商，这个掌控的度是教师必须考虑的。就像萨沙提到的，建构主义之所以“太可怕了”，是因为教师不能完全掌控学习进程和学习内容。新教师在课堂上运用这个理论的同时，还要确保学生达到预期的学习效果，这需要相当大的勇气和精妙的技巧。

图 1.4　情境学习

维果茨基和布鲁纳都认为，学习是一个社会性的过程。学生通过与 13
他人、环境和教师互动来学习，但是在学生的参与度、意义构建水平与自己的掌控程度之间，教师需要谨慎地维持平衡。为确保学习效果，这种掌控是有必要的。莱夫和温格（Lave and Wenger, 1991）将社会性学习的过程描述为“情境学习”（situated learning），即学生在一个共享的环境中与他人一同参与，以发展“实践共同体”（community of practice）。他们不仅学习理论，还了解与学科相关的实践活动，以及与共同体相关的社会内容。萨沙之前带过学徒，或许在无意中也会鼓励他们学习行业的模范行为和态度，使他们了解行业习俗。在运用建构主义理论让学生参与学习的过程中，萨沙运用的正是示范的方法（Bandura, 1977）——一种鼓励批判性思维和反思的学习形式。

案例研究

萨沙的日记

我必须总结一下今年学到的内容，并把它与理论联系起来，完成一篇论文。这没问题，但我今年真正学到的，是我需要反思，通盘考虑，想想哪一种理论适合哪一种情况。我刚开始真正地教学时，以为只要告诉学生该做什么，让他们照着做就行了。现在我明白了，学生的学习方式各不相同，他们需要理解别人对他们说的话，并用自己的方式理解事物。理论也许真的有用？

大多数新教师会花费大量时间思考教学的挑战，萨沙在日记里已经提到了他是如何迎接这些挑战的。萨沙的日记集中展现了个人的进步和改变，而这些进步和改变（很可能）暗合了厄尔曼（Ullmann, 2015）提出的六点反思模型：

1. **经验**：对情境、要点和参与者的描述。
2. **个人**：与情境相关的个人信仰和价值观。
3. **感受**：情境所引发的怀疑、沮丧、失望（或欣喜、成就感和最佳体验）。

4. **批判性立场：**分析和评估问题或成就，质疑任何假设，决定未来的行动。

5. **观点：**思考看待问题的其他方式，例如能够应用于特定情境的其他理论或实践。

6. **结果：**经验教训、新见解、行为和思维的变化、未来的计划。

不必完全按照这个顺序来考虑这几个要素，有时在课堂上，教师需 14
要立即改变教学计划或教学方法以应对当前的情况——舍恩称之为“行动中反思”（reflection in action）。然而，当教师有时间考虑发生了什么，采取了什么行动，行动产生了怎样的影响，以及批判性地思考采用其他方式（可能是应用不同理论）会对这种情况产生何种影响时，就需要进行“行动后反思”（reflection on action）（Schön, 1983）。在奈特看来，反思性实践是教师与理论建立关系的最后阶段——从使用理论理解教学实践，到将理论作为批判性思维的工具。从萨沙最后一则日记中可以看到，他似乎即将顺利走完这段旅程。在最初的几则日记中，萨沙仅能在课堂上使用一种学到的理论，一年来他不断进步，开始“拥有”理论，将其视为一种解释情境和教学实践的方式，并通过质疑某些理论的使用来进行积极的批判，而非简单地接受或寻找替代理论。

本章小结

本章我们探讨了“理论”一词的含义，以及为什么理论在促进课堂实践中是有用的。在讨论怎样使用理论来促进专业实践的过程中，我们也考虑了教学的实践方面。我们还讨论了反思课堂行为的重要性及其对教学过程的影响。从理论的角度想一想你自己的探索之旅——在从被动接受理论到拥有理论的链条上，你处于什么位置？为了让理论为己所用，你打算怎么做？

导师时刻

在理论和实践之间建立连接，不总是那么容易。忙碌的教师尽管本意是好的，但很少有时间冥思苦想，而是依靠“直觉”或“经验”应对课堂上的困难。但是一旦有时间反思，他们通常会联想到教与学的一般性理论和原则。萨沙在日记中写道：“理论也许真的有用？”回顾一下近期你在自己的专业实践中碰到的问题，试着运用厄尔曼的模型，想一想运用不同的理论方法可能会使情况发生怎样的变化。

- 你是拥有了理论，还是仅仅将理论运用于情境？
- 在特定情境中运用不同的理论观点，对结果产生了（或将产生）什么样的影响？
- 什么起作用了（或你认为将来会起作用）？为什么？
- 与“实践中反思”（reflected in practice）相比，运用“实践后反思”（reflected on practice）会使你的实践发生怎样的变化？

下次见面的时候，找机会与导师讨论你的发现。

拓展阅读

15 **Knight, R** (2015) Postgraduate student teachers' developing conceptions of the place of theory in learning to teach: 'More important to me now than when I started'. *Journal of Education for Teaching*, 41 (2): 145–160.

Morrison, D (2014) Why educators need to know learning theory [Online] **https://onlinelearninginsights.wordpress.com/2014/01/31/why-educators-need-to-know-learning-theory**

Sjolie, E (2014) The role of theory in teacher education: Reconsidered from a student teacher perspective. *Journal of Curriculum Studies*, 46 (6): 729–750.

Smith, M K (2011) Donald Schön: Learning, reflection and change, in *The Encyclopaedia of Informal Education*. Available at **http://infed.org/mobi/donald-schon-learning-reflection-change/** (Accessed 28 February 2019).

参考文献

Allen, J M and Wright, S E (2014) Integrating theory and practice in the pre-service teacher education practicum. *Teachers and Teaching: Theory and Practice*, 20 (2): 136–151.

Bandura, A (1977) *Social Learning Theory.* Englewood Cliffs, NJ: Prentice Hall.

Bruner, J S (1960) *The Process of Education*. Cambridge, MA: Harvard University Press.

Dye, V L (1999) Is educational theory being valued by student teachers in further and higher education? *Journal of Vocational Education and Training*, 51 (2): 305–319.

Glaser, B G and Strauss, A L (1967) *The Discovery of Grounded Theory: Strategies for Qualitative Research*. Chicago, IL: Aldine Publishing.

Knight, R (2015) Postgraduate student teachers' developing conceptions of the place of theory in learning to teach: 'More important to me now than when I started'. *Journal of Education for Teaching*, 41 (2): 145–160.

Korthagen, F A J and Kessels, J P A (1999) Linking theory and practice: Changing the pedagogy of teacher education. *Educational Researcher*, 28 (4): 4–17.

Lave, J and Wenger, E (1991) *Situated Learning: Legitimate Peripheral Participation*. Cambridge: Cambridge University Press.

Morrison, D (2014) Why educators need to know learning theory [Online] **https://onlinelearninginsights.wordpress.com/2014/01/31/why-educators-need-to-know-learning-theory**

Pavlov, I P and Anrep, G V (2003) *Conditioned Reflexes*. North Chelmsford, MA: Courier Corporation.

Piaget, J (1936) *Origins of Intelligence in the Child*. London: Routledge and Kegan Paul.

Schön, D A (1983) *The Reflective Practitioner: How Professionals Think in Action*. London: Temple Smith.

Sjolie, E (2014) The role of theory in teacher education: Reconsidered from a student teacher perspective. *Journal of Curriculum Studies*, 46 (6): 729–750.

16 **Skinner, B F** (1938) *The Behavior of Organisms: An Experimental Analysis*. New York: Appleton-Century.

Spenceley, L (2014) *Inclusion in Further Education*. Northwich: Critical Publishing.

Ullmann, T D (2015) 'Automated detection of reflection in texts: a machine learning based approach (PhD thesis)'. The Open University, Milton Keynes [online]. Available at **http://oro.open.ac.uk/45402/1/PhDThesis-Ullmann-2015-Automated-Detection-of-Reflection-ORO.pdf**

Vygotsky, L (1978) Interaction between learning and development. *Readings on the Development of Children*, 23 (3): 34–41.

第 2 章

课堂环境

本章我们将探讨：

- 影响课堂环境的因素
- 具有挑战性的行为
- 融入积极的态度和行为

引言

17 你是否曾觉得自己不属于某个地方？你是否曾是一群朋友中的“新来者”，或是喜欢读书而不喜欢当运动员的那个“与众不同的孩子”？如果生命中的每一天，你都要在一个感觉格格不入的地方，或是毫无存在感的群体中度过，这会对你的学习能力产生怎样的影响？

对归属的渴望，是人类的一种基本需求（Baumeister and Leary, 1995），我们可以通过经常性地与他人积极互动来满足这种需求。互动的结果是，我们建立了重要的人际关系，这种关系反过来又能满足我们的归属需求。在日常生活中的各个方面维系这样的积极互动也许有些难，但是我们确实可以在课堂上发挥影响力，因此创建积极的课堂环境，是所有教师都需要考虑的关键问题。

本章我们将介绍罗杰给大家认识，他是一位热情洋溢的科学教师，热衷于与学生分享知识。通过他的故事，我们可以思考课堂环境的方方面面及其对学习的影响。如下页图 2.1 所示。

18 一提到“积极课堂”的构成，人们首先想到的也许是环境因素，比如教室、布局、采光等。尽管这些很重要，但我们还应考虑影响课堂的社会和情感因素。由此我们会认识到，学习不是简单的知识传递，而是一个复杂的过程。在这一过程中，我们积极参与，并通过这样的参与拓展我们的知识，发展我们的身体、社会和情感技能。因此，管理课堂环境是教学最重要的方面之一，当然这也是在为学习做准备。确保课堂成为赢得尊重、展现文化敏感性和鼓励每一个学习者发展自身能力的积极场所，是教师的职责。

图 2.1 罗杰的故事

案例研究

罗杰的日记

我爱教科学——这是我的激情所在。解释科学知识的规律、结构和细微差别，真是太让人满足了。我发现这是真正能让我兴奋的事情，我很幸运有这样一个平台来分享我知道的东西。我一直梦想当老师，美中不足的是，我的一些学生看起来并没有我这样的激情。他们很少参与讨论，当我提问的时候，他们似乎吓坏了！这有点儿让人失望，但不会浇灭我的热情。我要用更有吸引力的知识赢得学生的支持。

影响课堂环境的因素

19 在营造积极的课堂环境时，教师如果对所教学科充满激情，无疑会开个好头。就拿罗杰来说，他并不缺少激情，也非常注重与他人分享知识。他所缺少的，似乎是同理心。他没有意识到，教师提问时学生不参与或感到害怕，可能意味着他们不想学更多的知识。就课堂而言，罗杰显然关注的是课程内容，而非可能出现的其他社会和情感因素。

根据伊列雷斯（Illeris, 2009）的研究，我们必须考虑与学习相关的两个不同过程：一个是外部互动过程，例如一群学习者彼此交流或学习者与教师交流；一个是内在心理过程，在此过程中，我们会与先前的学习经验或长期以来形成的有关自我能力的信念建立联系。伊列雷斯认为，学习包括三个不同的维度：知识和技能的认知维度，感受和动机的情感维度，沟通和合作的社会维度。这些均发生在特定的社会环境中。简单说来，这三个维度可以概括为：

图 2.2　学习的维度

- **内容维度**与所学的新知识和新技能有关。在罗杰的案例中，这似乎是课程的重点。
- 将精神能量导向学习过程的**激励维度**，包含学习的感受、情绪和动机，并可能会受先前的学习经验或个体在特定课堂环境中的感受的影响。在罗杰的课堂上，学生的焦虑就体现在不愿参与和害怕回答问题上。
- **互动维度**也可以称为社会要素，包含信息的传递、与他人共同学习 20
的经验以及与教师的互动。在教师专注于提供信息的课堂上，这个要素也许会被忽略，罗杰的课堂无疑就是如此。

在每一堂课中，学习都会涉及这几个维度，这些维度都将影响学习者的课堂体验，但人们往往想当然地认为，学习只是理解学科内容而已。结果，教师就将精力放在了如何以学生最易接受的方式传达课程内容上，有时甚至会将课堂割裂为三个互不相关的部分，就像提供一顿豪华大餐那样。然而，学习者对特定课堂的具体体验，将显著地影响他对课堂的记忆。比如，我们往往对一顿味道不好的饭记忆犹新，而这却是厨师最不愿看到的。想象一下，如果你是罗杰课堂上一名安静的学生，你的关注重点会是什么？你会感到轻松并想办法应用新学的知识，还是试图在不显得那么笨拙的情况下熬过这堂课？

学习的社会因素和情感因素都会影响学习者对课堂的记忆，因此即便教师在课堂上运用了适当的教学策略，心理和互动方面的问题也可能扭曲学习者记忆所学内容的方式。这很可能意味着，预期的学习根本没有发生，或学习者学到的是完全不同的内容，例如厌恶这门学科，或者对教师或同学产生负面印象。

案例研究

罗杰的日记

今天我决定采用更具互动性的方法，试着让学生多问些问题，表现出多一点儿兴趣。一切似乎进展顺利。我先让他们制作海报，以展示对“细胞”的理解，然后根据他们目前的理解水平分组，以便每个人都能完成学习任务。确实有一两个学生做得还不错，但一些学生看起来就是在应付，于是我决定干预，并明确表示每个人都必须在活动中发挥自己的作用。这似乎见效了，因为萨菲——一个比较安静的女生也提出了她的看法。但小组的另一个成员批评了她，实话说，这个批评是合理的，所以我觉得最好还是让他们自行解决。不知什么原因，这件事惹恼了萨菲，她哭着跑出了教室。我猜，她除了安静，还有点儿敏感！尽管如此，其他人看起来还挺享受的，所以我认为这堂课还算成功！

停一停

萨菲会从这堂课中学到些什么呢？她的注意力会集中在“细胞”这一知识点上，还是更可能被遭受批评所带来的情绪支配？对此罗杰还能采取什么不同的做法？

21 在特定情况下，不同的干预可能会产生不同的结果。例如，罗杰可以就团队成员如何反馈提供指导，各小组可以建立合作的规则；他也可以在纠正错误前进行干预，并对萨菲的贡献做出积极的反馈；等等。有许多可以考虑的选择，但在这个场景下，教师再一次将焦点投向了课堂的内容部分，没有对其他要素给予足够的关注。

活动 2.1

从学习的内容、激励和互动这三个维度出发，想一想影响课堂环境的关键因素是什么，并列出创建积极课堂需要考虑的要素。你可以为清单上的每一项添加与之相关的学习维度。例如，你也许认为课堂规则在培养“尊重”这一行为规范上能发挥重要作用，那么就可以用它来帮助我们管理学习互动方面的内容。

课堂风气

创建积极的课堂环境，往往始于课堂风气的培养。它通常指的是师生彼此的互动和行为方式。课堂风气可以从教师本身的价值观和教学信念发展而来，也可以从组织的教育哲学，以及符合该哲学的师生互动类型演化而来。在某种情况下，有关创建良好学习环境的研究或一般观念，也是培养课堂风气的基础。

课堂风气可以是专制的，也可以是民主的，还可能介于两者之间。由教师发出指令的专制课堂，更倾向于制定严格的规则，在给定的框架下运行。其优点是，课堂往往有条不紊。而民主课堂的师生互动更充分，在对课堂活动做出决策时，双方的声音都会被听取。其优点是，可以鼓励学生为自己的学习以及创建安全、积极的学习环境承担更多的责任。

停一停

对课堂风气，你最初的看法是什么？专制和民主的方法各有什么优点？缺点又是什么？

22 你选择创建哪种类型的课堂环境，可能受多种因素影响，例如自己积极或消极的学习经历、同事的看法、导师的观点。你可能考虑了环境因素，例如你的学生、组织文化，或者你教授的学科，以及任何与此相关的职业内容；你也可能将注意力放在帮助学生为更深入的学习甚至将来的工作和生活做准备上。所有这些因素都很重要，值得你花时间通盘考虑，以确保你的行动能够对课堂环境产生直接的影响。你的思维一定要清晰，因为思维不清晰很可能在不经意间造成信息混杂，导致课堂环境不够积极。

邀请理论

邀请理论（invitational theory）指的是基于对人的能力、价值观和责任的认知而建立的教与学的关系框架。这一理论旨在通过识别个体价值和合作能力，提供一种鼓励人们发掘自我潜能的方法。它与学生的参与有关，并基于这样一个前提：邀请学生参与学习是教师工作的一部分。它建立在三个相互关联的观点之上：

1. **民主的课堂风气**。它根植于这样一个原则：所有人都不可或缺，并能通过参与和自我管理获得发展。在实践中，它体现在互相尊重、开放的对话和共同的活动上。这是一种合作方式，意味着所有人的所有能力都能得到尊重。
2. **感知的传统**。它关注个体意识，认为人受自身对事件的感知影响，而非事件本身。因此，人类行为是个体以独特的方式感知世界的产物，要想理解人们为什么用某种方式做事，也许就有必要探索他们的感知。
3. **自我概念理论**。它与习得的信念体系，即每个人如何真实面对自我存在有关。它可以被描述为“我是谁？我如何适应这个世界？”的问题。该理论认为，个体行为是由个体看待自我的方式来调节的。

在拥有民主风气的课堂上，邀请理论也许最有效，但不限于此。在实操层面，我们需要将这三个观点转化为以关心、信任、尊重和乐观为核心价值观的环境。

亲社会行为

图 2.3　亲社会行为

正如邀请理论所概括的那样，与关心、信任、尊重和乐观相关的态 23
度，是创造积极课堂的关键因素。大多数教师肯定会欣然接受这些品质，但要想将它们植入课堂环境，谈何容易！

我们可以把亲社会行为描述为专注于帮助他人的行为，包括分享和合作之类着重于帮助整个群体的行为。尽管这看起来有点儿乌托邦，但实际上在大多数社群中都存在亲社会行为的实例，甚至在动物和植物中也可以发现这样的例子。采用一种亲社会的方法，也就是承认这对施助者和受助者来说是可以产生积极结果的，比如使我们拥有使命感或提升我们的知识和技能。当然，互惠互利是有价值的，因为如果我们在他人需要帮助的时候能够雪中送炭，那么他人在我们需要支持的时候就更可能伸出援手。下面是促进亲社会行为的一些简单策略：

- 提出明确的期待。
- 示范积极行为。
- 24 使用积极的训练方法。
- 将理想行为融入教学的方方面面。
- 在需要的时候进行一对一的支持。
- 培养对团队成就的自豪感。
- 创建迷人而舒适的教室。
- 提供讨论机会（关于行为和教学主题）。

案例研究

罗杰的日记

我一直在反思从导师那儿得到的反馈。她认为在学习上，我应该给予学生更多的控制权。我觉得很有道理，所以我在考虑如何在下一堂课中加入更多这方面的内容。我的小组实验看起来还算顺利，学生似乎很喜欢这个活动，只有萨菲好像有点儿心烦意乱……或许她对这个活动有什么误解？她平时表现很优秀，可能是因为没能像平时那样领会主题而感到难为情。所以我想，必须确保所有学生都能理解今后的任务，必须确保他们知道自己是否误解了什么。那样的话，他们就会明确自己哪里需要提高，而不会越来越感到困惑！这就意味着我必须花更多的时间来解释——这难道不是导师告诉我要少做的事情吗？但这么做是值得的，我不希望他们感到困惑，对吧？

活动 2.2

在阅读下一部分之前，请写下你对罗杰采用的方法的初步看法。他打算做的事有什么好处？有没有什么潜在的负面影响？

皮格马利翁效应

课堂环境的另一个重要影响因素是教师的期待。教师的期待不只影响学生的行为，还影响他们的成绩。罗森塔尔、巴巴德（Rosenthal and Babad, 1985) 以及戈登堡（Goldenberg, 1992）的研究显示，教师的期待以及由此引发的行为，能够对学生的表现产生显著影响。

罗森塔尔和巴巴德在研究中发现了随机测试结果是如何对教师的期待产生影响的。测试结束后，研究者告诉教师某些学生将比班上的其他学生学得更快；这些学生被称为“学习标兵”（academic bloomers）。为考查这些“学习标兵”是否真的比其他学生学得更快，在研究结束时，25
研究者开展了进一步的测试。测试结果显示，“学习标兵”的考试成绩确实有了显著提高，这证实了假设。该研究结论被用来说明皮格马利翁效应（Pygmalion effect），即个体获得更高的期待时，将表现得更好。但是为什么会这样呢？很可能是因为我们对寄予厚望的人会做出不同的表现。这一现象可以在教师与学生进行更高层次的互动，为学生提供大量反馈中得到证实，哪怕仅仅是更多地赞扬学生以帮助其建立自我效能感，也能产生同样的效果。该理论认为，积极的期待会以积极的方式影响学生的表现，而消极的期待则会以消极的方式产生影响：*当我们期待他人的某种行为时，我们很可能按照促使该行为发生的方式行事*（Rosenthal and Babad, 1985, p.36）。戈登堡进一步假设，期待和成绩之间的关系受师生双方行为的影响。学生的行为（如态度和动机）塑造了教师的期待，教师的期待反过来又会影响学生的成绩。

在课堂环境中，我们需要意识到我们的期待对学生的影响，不管是有意还是无意，我们都要让他们知道我们的期待是什么。同样，意识到我们如何受学生行为的影响也非常重要，这会帮助我们监督自己的反应。在特定的互动中，我们也许会释放出许多信号，例如歪头或挑眉，所有这些都会影响我们与他人交流的意义。在这种情况下，我们就必须思考如何表达我们的期待，以确保获得积极而非消极的结果。

图 2.4　皮格马利翁效应

思维模式

“思维模式”这个术语，被用来描述个体对成就的态度，以卡罗 26
尔·德韦克（Carol Dweck，2008）的研究为基础。德韦克认为，与成功密切相关的是我们对待事物的方式，而非天赋。她用“固定型思维”和“成长型思维”这两个术语来解释这种差异。她认为，拥有固定型思维的人相信他们的智力、素质和天分是固定的，很难改变；相反，拥有成长型思维的人相信，能力是可以通过付出和努力工作来培养的。她的观点对教学实践产生了重要影响。

思维模式的理论认识到了态度和动机的重要性，我们可以利用这一理论帮助学习者实现目标。但需要注意的是，它不是什么万灵药。不是说我们只要相信自己能做成某事，就什么都不用做了。我们也要调整自己的实践方法，使其与活动相适应，就像我们需要调整思维模式一样。只运用积极的思维模式而不考虑实践方法，很可能会导致虽然我们在同一件事上花费了更多的精力，结果却没什么区别；我们需要的是思维模式和实践方法两方面的调整。这说明，我们在束手无策的时候，需要向他人寻求指导，并尝试新的策略，直到发现能够帮助我们前进的办法。简单地说，如果发现一种方法不管用，就试试其他方法。

这个理论确实能帮助学习者发展成功所需要的技能，看来这是一个强有力的工具，但究竟该如何培养成长型思维呢？德韦克认为，首先我们应该认识到，思维模式不是非此即彼的，在不同的环境中，我们可能同时拥有固定型思维模式和成长型思维模式。为了向成长型思维靠近，我们需要识别能够触发特定反应的事情。你可以对一些事件进行反思，看看在特定情况下，你会做出怎样的本能反应。例如，你在面对挑战时通常会做什么？你感到紧张，想要逃离吗？你会在毫无对策的情况下一头扎进去吗？你调查过各种选项吗？你跟别人交流过吗？可供选择的方法有很多，很多人会选择与这些选项相关的、自己非常熟悉的行为模式。

停一停

假设你真的很难激励一群学生。你已经尝试了一系列不同的策略，但没有一个看起来是有效的，他们总是提不起兴趣。

对此你有什么感想？面对这种情况，你最自然的反应是什么？

针对上面的假设，你的第一反应会揭示你的思维模式。例如，如果你觉得自己之所以无法调动群体的积极性，是因为这个主题或你的表达很无趣，或者是因为学生已经无药可救了，那么你很可能使用的是固定型思维模式。相反，如果你认识到也许存在激励群体的其他方式，并且
27 跃跃欲试想要迎接这一挑战，那么你很可能是在运用成长型思维模式看待这个问题。不管怎样，重要的是要记住：你不是在给自己的行为分类，而是在接受现状，拥抱变化。正如德韦克所说：

> 如果父母要送给孩子一份礼物，那么最好的礼物莫过于教会孩子热爱挑战、不怕犯错、享受努力、坚持学习。这样，孩子就不必再做赞赏的奴隶，并能在人生中建立和修复自信。
>
> ——德韦克（Dweck, 2008, p.177）

融入积极的态度和行为

本章我们讨论了与课堂环境相关的一些理论，可以帮助你选择管理教学的最佳方式，以助力学生优化学习，也可以帮助你在为确保课堂积极性而选择实际策略时做出权衡。这些建议通常会被称为“行为管理”，但它们不只是管理他人行为的技术，更是创造安全环境的策略。在这样的环境中，每个人都能够明确什么样的态度和行为是受欢迎的。事实上，

他人的行为是很难控制的——你能管理的，仅仅是自己的反应——但你可以为积极行为创造条件，这通常会形成良性循环。你可以营造这样的环境：让每个人都明确你的期待是什么，并通过积极的强化，确保这些期待得以实现。据此，学习者会按照符合课堂风气且在群体中有效的方式行事。一旦有所偏离，教师可以进行积极有效的管理。这样一来，“具有挑战性的行为”就被尽可能地抑制了。这并不是说你再也不会遇到挑战，当然会的，但将挑战的程度和频率降到最低，无疑会使教学变得更容易。

考利（Cowley, 2012）认为，积极行为管理有七个要素，她称之为“7C”。

1. **沟通（communication）**。要想每个人都能理解他人对自己的期待，清晰的沟通必不可少。这就意味着学生需要知道学习的目的，以及自己在学习中扮演的角色；而教师则需要确保对课堂参与的期望显而易见。
2. **自信（confidence）**。学生需要安全感，所以他们得知道教师是否会管理课堂和学习。他们也希望自己的老师对学科知识有足够的自信，因为没有这种自信，学习就会受到限制。对新教师来说，这可能是个挑战，因为他们无论是对学科知识还是对班级管理能力都不那么自信。好在通过不断实践，他们会做得越来越好。然而在此之前，你也许需要运用“假设法则”（Wiseman, 2012）。它基于这样一个前提：我们通过假设某件事是真的，来营造一种理想的情绪（或者至少表面上看是这样的）。例如，表现出更快乐的 28
样子，我们就会变得更开心；表现出自信满满的态度，我们就会更自信。这种推论看起来有点儿神奇，实际上它是有研究支持的，所以值得一试。你可以观察那些看起来胸有成竹的教师。他们上课时都会做些什么？采取了哪些特别的策略？什么地方令你感到惊讶？你想更多地了解什么？大多数教师都会愿意别人来听课，并回答你的任何问题。

3. **胡萝卜加大棒**（carrots and consequences）。这种方法是基于正强化和负强化的行为主义原则。简单来说，就是提供激励措施以鼓励那些我们期待的行为，并在对方做出这些行为时用激励进行强化。反过来，也可以惩罚那些我们不鼓励的行为。学校通常使用的积分制就是这样的，对期待的行为加分，对不想鼓励的行为减分。
4. **一以贯之**（consistency）。如果你想创造一个让人感到安全的环境，那么一以贯之非常重要，因为当我们知道该期待什么时，就会感到更安全。这也与习惯的形成有关。如果我们做事的方式能始终如一，就会成为习惯。在上面第三点的作用下，学习者也许会意识到与“胡萝卜加大棒”相关的诱因。例如，如果我这么做，就会发生这种情况。但是如果不能一以贯之地运用“胡萝卜加大棒”，那么它的影响就会很有限。我们的目标是通过鼓励学生对特定行为做出反应，帮助他们形成积极的行为习惯。恰尔迪尼（Cialdini, 2016）建议采用一种简单的方法，即运用“如果……那么……”的陈述。这为改变行为提供了一个简单的公式，能够很容易地将诱因“如果”与行为“那么”关联起来。例如：

    - 如果我完成了这项任务，那么我就能继续我的项目了。
    - 如果我错过了这堂课，那么我就不知道怎么完成作业。

5. **控制**（control）。尽管你可能提倡民主的课堂风气，但是控制课堂活动仍是不可或缺的。这意味着教师要计划、管理时间，并确保每个人都能按预期参与课堂活动。
6. **选择**（choice）。提供选择看起来与行为管理没什么关系，却有助于鼓励学习者对自己的行为负责。根据格拉瑟（Glasser, 1998）的研究，我们的几乎所有行为都是选择的结果，为了满足生存、爱和归属感、自由和愉快之类的基本需求，我们不得不做出各种选择。该理论基于这样一个前提：爱和归属感最重要，因为我们渴望与他人联系。一个令人感到安全而满意的课堂环境能够满足这种需求，因此教师要让学生意识到他们有责任对自己在课堂上的行为做出选择。学生如果这么做了，很可能就会在学习中感到更自豪、更自信。可以将选择与课堂规则、不同任务或课程本身联系起来。

图 2.5　选择理论

7. **创造力（creativity）**。如果想创造积极的课堂环境，那么我们就要吸引学习者的注意力——无聊是扰乱课堂的导火索。这意味着，我们的教学以及材料的使用，必须采用更有创造力的方法，以确保激励最大化和混乱最小化。对此第 9 章将进一步探索，并将提供一些你可以在教学中尝试的想法。 29

上面几点大多是常识。当面对一群颇为考验教学能力的学习者时，我们本该运用常识性策略，但实际上我们的第一反应，却往往不那么冷静而合乎逻辑。新教师刚开始独自负责一个班级时，往往会感到不知所措，但是充分的准备以及通过创造积极的学习环境而获得的自信，无疑会有所帮助。

本章小结

本章我们探讨了可能影响学习者的课堂表现的一些因素，重点在于深化你的理解，使你能够思考如何用最积极的方式管理自己的课堂。上面提到的哪种理论引起了你的共鸣？为什么？有时学习理论会直接关系到你的教学，你会立即看到实践和理论之间的联系，但不总是这样。有些联系难以捉摸，你也许需要对接收的信息进行客观分析，才能将所学付诸实践。

导师时刻

30 在这一部分，我们为你提供了与导师（或能够对你的专业发展给予支持的其他人）讨论的起点。你可以使用苏格拉底法（Socratic approach）[①]，即通过提问揭示意义，目的是鼓励你分析本章的内容，并将其与你自己的教学联系起来。

- 你想营造哪种类型的课堂风气？

① 即苏格拉底辩论法，是一种对谈的形式。它通过提出和回答问题，引出想法和假设，再不断识别和消除矛盾的假设，从而更正不完整、不正确的观念，激发批判性思维，澄清彼此的观念和思想，进而寻找到真理。——译者注

- 你将选择建立在哪种假设之上？
- 除此之外，你还能想出其他假设吗？
- 你会使用哪些策略来营造你想要的课堂氛围？

拓展阅读

Rogers, B (2011) *Classroom Behaviour: A Practical Guide to Effective Teaching, Behaviour Management and Colleague Support*. London: SAGE.

参考文献

Baumeister, R F and Leary, M R (1995) The need to belong: Desire for interpersonal attachments as a fundamental human motivation. *Psychological Bulletin*, 117 (3): 497−529 **http://dx.doi. org/10.1037/0033-2909.117.3.497**

Cialdini, R (2016) *Pre-suasion: A Revolutionary Way to Influence and Persuade.* New York: Simon and Schuster.

Cowley, S (2012) *The Seven C's of Positive Behaviour Management.* Bristol: Sue Cowley Books Ltd.

Dweck, C S (2008) *Mindset: The New Psychology of Success*. New York: Ballantine.

Glasser, W (1998) *Choice Theory: A New Psychology of Personal Freedom*. New York: HarperCollins.

Goldenberg, C (1992) The limits of expectations: A case for case knowledge about teacher expectancy effects. *American Educational Research Journal*, 29 (3): 517−544.

Illeris, K (Ed.) (2009) *Contemporary Theories of Learning: Learning Theorists...in Their Own Words*.Oxford: Routledge.

Rosenthal, R and Babad, E Y (1985) Pygmalion in the gymnasium. *Educational Leadership*, 43 (1): 36–39.

Wiseman, R (2012) *The As If Principle: The Radically New Approach to Changing Your Life*. New York: Free Press, Simon and Schuster Inc.

第 3 章

学习计划

本章我们将探讨：

- 教学计划
- 教案
- 学习领域
- 学习方式

引言

31 我的一位导师曾在教室的墙上贴了本杰明·富兰克林的一句名言：“如果你没有计划好，你就是在计划失败。”有一次，我们这些年轻教师正在七嘴八舌地讨论最近在课堂上遭遇的“灾难”，导师听到后，先是默默地指了指这句名言，然后才平静（又恼火）地鼓励我们去反思问题到底出在哪里，以及为什么会这样。导师告诉我们，没有什么完美的计划，每一名教师，无论他多有经验，一旦在课堂上实施计划时出了岔子，都会经历“灾难”。但在我们新教师看来，这番话并不能安慰我们，因为我们花费数小时精心准备的教案失败了，这真的很让人沮丧。

失败是痛苦的，但我怀疑没有教师能把手放在胸口诚实地说，在职业生涯的某些时候，他从来没有被迫做出快速的“行动中反思”（Schön, 1991），临时改变既定方案，以防止精心计划的学习进程脱轨。尽管如此，他们可能不会记得自己在课后花了时间思考计划失败的原因，以弄清为什么事情没有像他们预期的那样发生。如舍恩（Schön, 1991）所述，这种“实践后反思”（不必在下课后立即进行），让我们可以在活动结束后详细审视课程——不是让我们一直因“失败”而自责，而是让我们制订计划以避免再犯同样的错误。通过将反思整合进开发的图式（Piaget,
32 1936，参见第 1 章），教师可以着手制订备用计划。这样一来，当事情没有按照计划进行时，我们还可以挽回局面。本章我们将为大家介绍阿什利，一名在制订学习计划方面正经历“快速学习曲线”（rapid learning curve）[①] 的新教师。

① 学习曲线是指一个人学习新事物的进度。这里所说的快速学习曲线又称陡峭学习曲线，是一个常用语，指的是短期内需掌握大量全新的知识，用来描述一个人在开始一项具有挑战性的工作时所面对的困难。——译者注

我该怎么写
三个级别的
教学计划？
布卢姆的
分类学？
评价
综合
分析
应用
理解
知识
不同的学习
类型？
需要
灵活变通
良性循环
计划
理解
学习
成就

图 3.1　阿什利的故事

·案例研究·

阿什利的日记

33 课程负责人生病了，于是我们乱作一团。我来这里教学两年了，现在算是最有经验的教员，于是课程经理让我暂时接替课程负责人的职位。他当时用的是“pro tem”一词（我查了字典才知道，这个词在拉丁语里是“暂时”的意思，他干吗不直接说英语呢）。我知道这不是校方的错，但这会让我的生活面临挑战。这就意味着，今年一整年的课程计划都要由我来负责。那么就没有暑假了！不过，他们改变了BTEC[①]2级和HNC/D的教学大纲，这对我来说是件幸事，但教员们已经在抱怨新标准了。最重要的是，课程经理想让我组织一些无须获取资格认证的可恶的社区课程——天哪，我怎么能计划这么多内容？升职似乎并不像人们说的那么好！

教学计划

看起来阿什利将要面对不小的挑战，对吧？他在日记里写道：“教员们已经在抱怨新标准了。”大多数新教师入职后，都会收到一份由经验更为丰富的教师们编写的教学计划（Schemes of Work，简称SoW），而在做计划方面，这些新教师的责任只限于为自己教的每堂课开发详细的

① BTEC是英国商业与技术教育委员会（Business & Technology Education Council）的简称，是英国爱德思国家学历及职业资格考试委员会（Edexcel）的品牌职业教育产品。其课程专为对特定行业感兴趣的年轻人设计，涵盖16个领域的上千种教学单元，提供从入门级到7级水平的专业资格证书。——译者注

教案。然而，如同教案一样，SoW 的开发也不是孤立的，理解能够对它的开发产生影响的因素，可以影响它的形成，并最终影响教案本身（见图 3.2）。

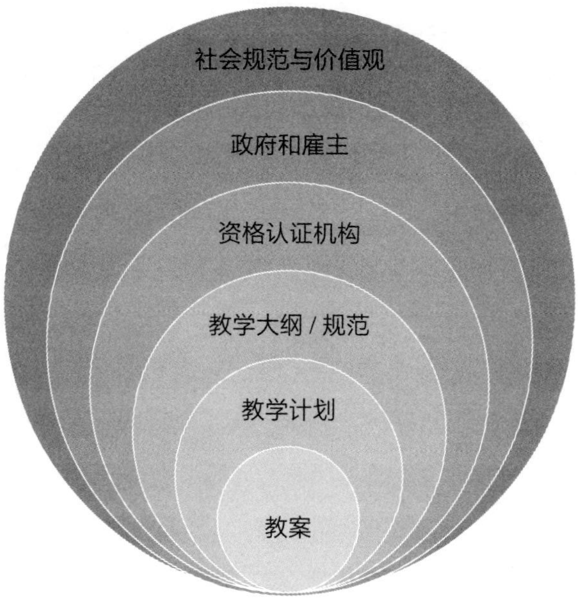

图 3.2　影响学习计划的外部因素 34

社会的发展速度越来越快，虽说万维网诞生至今不过 30 来年，但如今在教学中利用“信息高速公路”，已被视为理所当然的事情。网络时代不仅改变了我们的交流方式，也改变了全球生产和贸易的方式。这些变化进而影响我们所教的学科，以及我们用来促进学生学习的教学方式。这些变化为政府和雇主带来了压力，迫使他们推进改革，以确保受教育者能够获得相关的技能、知识和理解能力，最终获得工作机会，为社会发展做贡献。针对调整学科内容，使之适应社会或经济变化的需要，政府和雇主团体（有时是工会）会提出建议，资格认证机构（BTEC、伦敦城市行业协会等）会参考这些提议调整学科教学大纲 / 规范。为了将认证资格标准化，各认证机构会商定一个笼统的教学大纲 / 规范（并非具体的教学安排或详细的主题）。确定之后，每个认证机构都会出版详细的学科教学大纲 / 规范，给出内容、标准、评估要求等方面的信息。这些教学大纲为私人机构开发教学计划奠定了基础，进而指引教师个人（有时是教师团队）规划自己的教案。

详细审视前面这则日记，我们就会发现，阿什利必须计划三种截然不同的课程：2 级职业课程、4 级或 5 级学术课程以及社区课程。职业课程和学术课程属于文凭课程，资格认证机构会颁布教学大纲 / 规范，以指导计划流程。而社区课程则不太可能有正式的教学大纲，因为它们通常不需要授予正式的文凭。不管课程属于哪一种类型，教师在做计划时，都要考虑一些通用的组成部分，但也必须考虑每类课程细微而具体的要素，以确保学习成效。

教学计划的通用要素

通用要素可以从与学习类型相关的四个基本问题来考虑。我们需要找到这几个问题的答案，这是计划流程的一部分。

- 学习的最终产品是什么（Taba, 1962）？它可能是获得资格认证，习得一项新技能，制作一件手工艺品，等等。为了达到这个目标，学生需要知道什么或做什么？对此又该如何评估？
- 学习的过程是什么（Stenhouse, 1975）？它可能需要我们考虑，为促进学生习得特定技能或个性，应如何安排所教内容的顺序，或如何为认知学习的各构成要素排序。这些决定可以（而且可能会）影响教师用来促进学习的方法以及他们需要的资源。
35
- 学习发生的情境是什么（Lawton, 1983）？这需要我们考虑，是否需要提供一个特定场所来促进学习。教授某项技能，可能需要一间配备了特定工具或设备的工作室；而教授理论概念，教室的环境可能更合适。你要思考，是否所有学习都会发生在同一个地方（即大学或中小学），是否有些学习会发生在工作岗位或实习场所，是否情境会影响学习的程度和内容。除了将课堂上学到的理论与实际环境中的实践相联系的计划好的学习内容，实习生也许会有意外收获——发现实际工作中事情是如何运作的，什么样的行为是受他人欢迎的，等等。

- 谁将控制学习进程？在管理学习上，学生需要多大的自主性？你是否安排了一门旨在鼓励学生实践的课程（在自主的或自我导向的学习中，学生会与教师合作，就学习进程做出决定）？所有计划通常都会包括这一要素，但是其程度会根据课程层级和学生类型的不同而变化。你也许想鼓励学习更高层级认证课程的学生自主学习，但又觉得处于较低学习层次的学生需要更多引导。在做计划阶段就这一要素做出的决定，将直接影响教师在学习进程中的角色——领导者或导师。

教学计划的具体要素

除了这些通用问题（也适用于教案）外，还有一些重要问题需要在计划过程中加以解决。在讨论通用教学设计的必要性时，帕登等人（Padden et al.，2017）建议，做计划时既要考虑以上几点，又要保证教学计划的公平性——旨在确保学生能获得参与学习的平等机会并达成学习目标。要想实现这一目标，可以考虑有计划地开发一系列易获取的课堂材料和教学方法，因为*依赖于任何一种教学方式……（或单一的评估方法）……无疑都会使某些学习者处于劣势，甚至遭到排斥*（Padden et al., 2017, p.6）。在某种程度上，还应*考虑将非常重要的主题或话题纳入不同的专业领域*（Tummons, 2012, p.49），例如英国价值观、网络安全或安全防卫等。

案例研究

阿什利的日记

再拖延下去没有任何意义——我需要着手做教学计划了，这样教员们才能在去度暑假前开始制订他们的计划。我将从最熟悉的2级开始，但如果能跟教员们合作，让他们帮我理清需要在何时做什么，那么工作就会容易许多。他们是所教学科的专家，对新标准都有一定的了解，应该能帮上忙。

36 阿什利在开发教学计划的过程中决定利用教员的力量，这是明智之举。让教员参与进来，肯定并发挥他们的学科专长，能够使他们意识到自己的价值。如果他们有所贡献，也能鼓励他们掌握新课程（或现有课程需要做出的任何改变）。然而，尽管最好的课程设计可以通过合作来完成，但阿什利要记住这条古老的格言："让一个委员会设计一匹马，结果得到的可能是一匹骆驼。"[①] 为了使合作发挥效力，就需要持续监控和关注合作的过程。

以新的资格认证教学大纲 / 规范为指导，阿什利和教员可以回答前面提到的大部分通用问题。教学大纲 / 规范通常能指导教学内容、传授方式和所需资源等，也能提供每一个模块或单元的学习目的 / 目标[②] 的具体信息，以及评估过程的细节（包括评估的时间和方式）和评分标准。大多

---

① 原文为：A camel is simply a horse designed by a committee。通常来说，与个人或团队工作相比，委员会由于需要依赖不同的意见和观点，往往得到的是零散、低效、质量不高的结果。这一格言意即在一项群体决定中，太多相争的意见令整件事情停滞不前。——译者注

② 这里的目的为 aim，指的是长期的、终极的结果；而目标为 objective，指的是短期的、阶段性的结果，是为实现最终目的而采取的具体步骤，即如何做才能让项目切实可行。——译者注

数学科教学大纲 / 规范也会在课程中纳入学生先前学到的知识、技能等，利用这些信息，阿什利及其团队就可以着手建构有逻辑的课程体系和教学计划了。

案例研究

阿什利的日记

新学术课程和职业课程的教学计划已经准备就绪，教员们可以开始准备第一学期的教案了。今年的课程都是全新的，所以中途难免出现一些小问题，但是至少现在我们已经为每一门课程做好了行动计划。为这些（几乎是所有）课程做教学计划我还算应付得来，但是社区课程我该从哪儿入手呢？没有可以遵循的标准和指导——事实上，我简直就是一头雾水！！！

灵活的必要性

这则日记传递出两个信息：一个是内隐的，一个是外显的。内隐的是阿什利的理解——教学计划不是板上钉钉的事。大多数领导者都知道，很少有计划（不管多么好，不管环境如何）能够在第一次直面现实时幸存下来。这在教学中尤其明显，因为教师在做计划时，不一定能考虑到最大的变量——学生的需求。我们需要将教学计划视为工作文档，它需要一定的灵活度，这样在实施的过程中，它才能（也几乎必定会）随着环境和学生的变化而变化。

外显的是阿什利对社区课程的担心：没有可以遵循的标准和指导……一头雾水！！！阿什利首先必须考虑的是课程的受众。参加其他课程的学生感兴趣的是获得某种资格认证，而参加社区课程的学生通

37 常抱有不同的动机。他们也许想要学习一种新技能，也可能出于社会或个人原因而报名参加这门课程，例如学习使用电子邮件从而与家人保持联系。

就像给其他课程做计划一样，阿什利开始为社区课程做计划时，明智的做法是与教员保持联系，在设计教学大纲时充分利用他们的专长。与给文凭课程做计划的不同之处，则是阿什利必须根据课程的目标和层级做决定，这样才能利用前面提到的大多数通用问题，并与了解当地“市场”的教员合作，以便为该类课程开发教学计划。也许阿什利所在机构有一些现成的数据，可以用来帮助他做计划。例如，如果一门法语会话课先前被归为入门课程，那么就可能催生中级课程的需求。先前试听课的参与率可以用来指导我们发现学生的潜在兴趣，也可以用来推断未来课程的适合层级。不管怎么样，阿什利和教员必须记住，参加课程的学生是有区别的。文凭课程很大程度上吸引的是在能力、年龄、先前经验等方面相似的学习者群体，而基于社区的课程吸引的则是范围更广的学生。因此，课程开始时对学生进行初步评估后，我们也许需要对教学计划做出大幅度调整，也需要与学生协商以满足他们的需求。在计划社区课程时，无疑应把灵活性作为座右铭。

备课

案例研究

阿什利的日记

就在我认为已经搞定的时候，一位老师——不用说，就是只完成了教学计划，还没完成教案的那位——递交了辞呈，现在我不得不手把手地指导新老师。好在教学计划已经完成了，尽管这位新“老师”有从商的经验，却从未涉足教学。这有点儿像我刚开始做老师时的情形——我记得每个人都想当然地以为我知道自己在做什么，哈哈！！我觉得在备课上给他们点儿帮助总是好的——这正是我刚做老师时最头疼的地方，因为不论我多努力都没什么效果，那时我真的特别沮丧。那么，从哪儿开始呢？

对阿什利来说，帮助新手的合理起点就是从教学计划入手，向他们解释课程内容、总体目标等，这样他们就能了解备课的背景。教学计划也有助于开发课程的“OSI”目的 / 目标。因为教学计划已经规定了课程的总体目的 / 目标（O, overall 的首字母），据此就可以确定分组课程或全班课程的具体目的 / 目标（S, specific 的首字母）；而一旦确定了这些，就能够确定每一节课的直接目的 / 目标（I，immediate 的首字母），即详细目的 / 目标。对新教师来说，为课堂设定目的 / 目标是备课中最具挑战性的一个方面，因为正确的目的 / 目标将帮助学生发展学习的良性循环，避免陷入学习的恶性循环（Nuttall, 1982）。

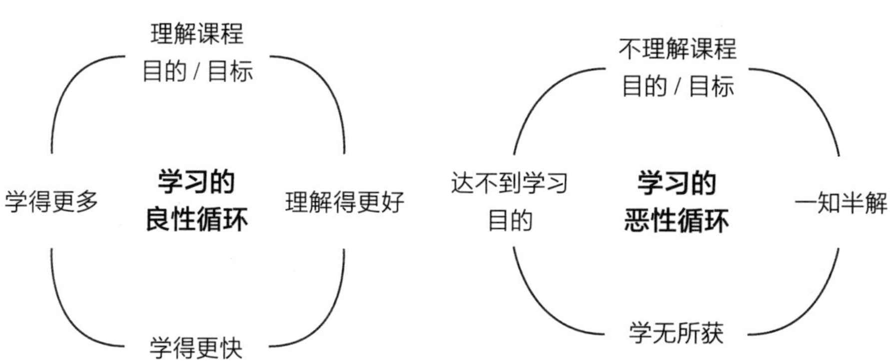

图 3.3　学习的循环（改编自 Nuttall, 1982） 38

利用“学习领域”指导目的和目标的设定

在设定目的 / 目标方面，首先要确定的是在一节课或一系列课上想要学生取得的成就。1956—1972 年，布卢姆（Bloom, 与其他人合作）开发了学习领域理论，认为应该把学习分为三个主要的领域：

1. 认知领域（cognitive domain，与知识或理论相关的学习）；
2. 情感领域（affective domain，与看待事物的态度和方式相关的学习）；
3. 动作技能领域（psychomotor domain，与发展或获取技能相关的学习）。

为了便于记忆，人们有时将上述三个领域缩略为“ASK”——态度（attitude，情感领域）、技能（skills，动作技能领域）和知识（knowledge，认知领域）。几乎每节课在某种程度上都包含了这三个要素，尽管也许其中某个要素有时会占主导地位。发展学科理解（知识或认知领域）是一堂课最重要的方面，但也需要以某种方式，比如使用某种设备或实际运用某种理论，将新知识或新理解融入实践（动作技能领域）。在使用设备或运用方案来达成特定结果时，可能还需要保持健康与安全的心理状态，以强调培养相关态度（情感领域）的重要性。

一旦为课程的三个学习领域确定了重要性等级，接下来就要明确学生在每个领域应学习的内容。只要是教过一帮学生的人，对学生的学习速度各不相同这一点都会有充分的认识。一些学生在下课时能够习得基本信息，而另一些学生则会再接再厉，将课堂中所学内容融会贯通，或与以前的学习建立关联。格拉韦尔斯和辛普森认为，*全纳性学习（inclusive learning）就是认识到每一个……（学习者）……都是不同的……目的不是让学生简单地参与……（学习过程）……而是积极地参与，全身心地投入*（Gravells and Simpson, 2008, p.21）。

为此，就要为不同的学生设定不同的目的和目标，使他们能够获得
信息，并竭尽所能达成目的和目标。引入学习目的 / 目标的一个方法是，
使用诸如“所有学生将能……”“大多数学生将能……”“一些学生将 39
能……”的说法。例如，“面包制作”这节课在知识（认知）领域的不同
学习目的 / 目标可能是这样的：

- 所有学生将能陈述面包的烹饪原料。
- 大多数学生将能描述搭配面包原料的过程。
- 一些学生将能解释烘烤面包过程中使用膨松剂时发生的化学过程。

教师备课过程中设定目的 / 目标时，选择动词（行为动词）十分关键。它们不仅能够确定教学的目的，还能够帮助教师引导教学和评估的过程。为了达到预期效果，目的 / 目标需要满足多兰（Doran, 1981）描述的 SMART 原则［specific（具体）、measurable（可测量）、achievable（可实现）、relevant（相关性）、time-bound（有时限）］。然而，这个缩略语最近被增加了新内容，现在它不仅包括设定目标的要素，还强调定期评估和回顾这些要素以保持彼此相关性的重要性。因此，SMART 原则变成了 SMARTER 原则。让我们再看上面提到的课堂目标：

- **具体**——陈述学生将能做什么。
- **可测量**——为教师提供核查学生能否按要求去做的标准。
- **可实现**——能够确保课堂上所有学生都将获得某种程度的成功。
- **相关性**——直接与学科相关。
- **有时限**——能够在限定的时间内达成。

于是，在授课时，教师就可以评估和回顾学习进程中目的 / 目标的相关性了。

案例研究

阿什利的日记

嗯，新老师斯哥特在制定课堂目的 / 目标上做得还不错，但有点儿束手束脚——他在制定不同层次的目标上遇到了困难。也许是时候拿出布卢姆的目标分类学来帮他一把了。

布卢姆不仅发现了学习的不同领域，还发现了每个领域中的不同层次，每一个层次都可包含下级层次，并逐级增加难度和复杂度（见图 3.4、图 3.5、图 3.6）。

40 • 在知识领域，各层次始于知识，向上依次为理解、应用、分析、综合，最后是评价。

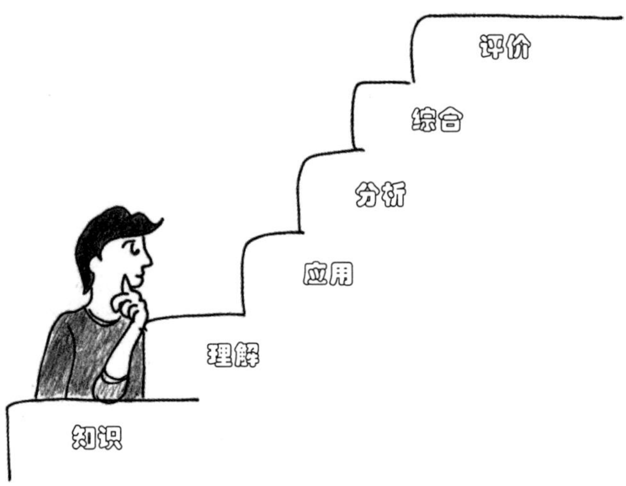

图 3.4

• 在情感领域，各层次始于接受，向上依次为响应、评价、组织和个性化。

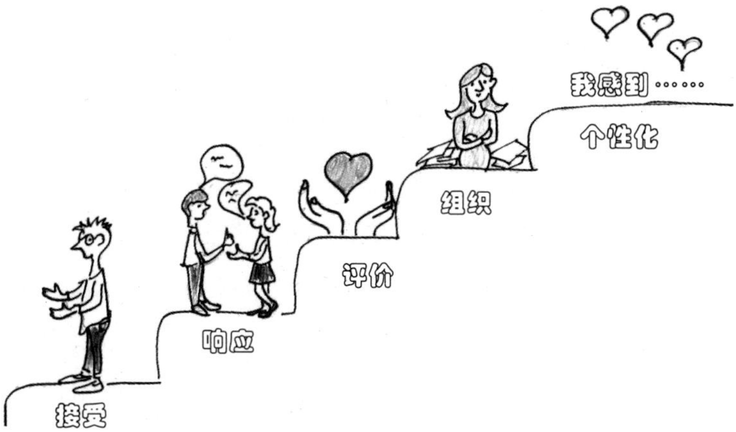

图 3.5

• 在动作技能领域，最低的层次为基本动作的模仿，向上依次为操作、精确性、综合、同化。 41

图 3.6

动词可以与每一个层次相联系，以设定、评估和测量预期的学生行为。作为 SMART 学习目的 / 目标的一部分，行为动词的使用能够使师生了解什么才是成功的学习。例如，如果教师想拓展学生的知识（知识领域的最低层次），那么就应该将学习目标设定为：当一节课结束时，学生能够记住或复述所学知识。如果教师想拓展学生有关分析信息的知识，那么课堂目标就应该是：学生能够比较不同信息，或能够就某事进行评论。在情感领域，教师也许想要学生对信息做出反应，那么学习目标的用语就应该包含“讨论”这个词。在动作技能领域，重要的是学生能够展示熟练的动作，在这种情况下，学习目标就应该包括精确地使用工具、物品，或制作东西。需要提醒的是，当你利用网络或参考书研究布卢姆
42 的目标分类学时，你也许会发现层次的划分有不同版本。这不足为怪，因为不同的作者倾向于用不同的词语来阐释不同的阶段。

活动 3.1

看一看网上或参考书中对布卢姆目标分类学的论述，找出可用于为三个领域的每一个层次开发学习目的 / 目标的动词。

看看你的教案中使用了多少这样的动词。试着改变一些目标，将这些动词融入其中，并想想它们会对你和你的学生产生怎样的影响。

案例研究

阿什利的日记

不错，斯哥特似乎已经找到为不同小组设定更多相关目标的窍门了。前几天我去旁听斯哥特的课，觉得他在帮助学生学

习方面需要一些支持。有关学习风格的内容也许能奏效，所以我准备介绍科尔布（Kolb）的学习周期理论给他。

学习风格

学习风格多种多样，从布罗卡（Broca, 1861）相对简单的左右脑分析（认为左脑思考者善于学习逻辑性强、有条理、内容详细的课程，而右脑思考者善于学习更具创造力、想象力的课程），到基于问卷的复杂心理学分析，不一而足。多年来，其他理论家，如科尔布（Kolb, 1984），逐步形成一种观点，即可以将学生的学习风格进行归类，这可以用来指导有效和高效的教学。科尔布的学习周期理论——一个四阶段模型，可能是在规划教学方面最著名、运用最广泛的模型之一。科尔布建议：首先，学生需要以某种经验作为学习的基础（具体经验），如看视频或听教师讲；其次，学生要思考这些经验（反思性观察），并找出从中学到的内容（抽象概念化）；最后，亲自尝试（主动实验）——很可能在不同的环境中进行。从这一点上可以说，该学习理论与皮亚杰（Piaget, 1936）提倡的图式的产生和发展有许多相似之处。科尔布的理论提出了一种教案的模型，即首先根据课程和主题直接教学或演示，随后安排一项活动（如讨论或小测验），以帮助学生反思所学信息。接下来，教师可以通过讨论或小组合作与学生共同确定学习原则、识别已经发生的学习，并再 43
次通过讨论、小组合作或实践活动，让学生自己尝试新的学习。

在过去的几年里，其他形式的学习风格变得流行起来。例如，巴布和马隆（Barbe and Malone, 1981）认为，与其像科尔布说的那样通过反思和实践来学习，不如采用视觉、听觉或动觉（visual, auditory, kinaesthetic，简称 VAK）来激发学习。弗莱明（Fleming, 1995）拓展了这一理论，建议在其中加入读或写（reading / writing）。这样，VAK 学习模型得到了增强，变为 VARK 学习模型。以科尔布的模型为基础，霍尼和芒福德（Honey and Mumford, 2006）采用了更为科学的方法，开发了一种应用广泛的心理调查问卷，识别出四种可能的学习类别：一些学生是务实的学习者——只学成功必需的内容；一些是反思者——需要考虑主题；一些是积极分子——一碰到什么就跃跃欲试（很可能忽视或等不及指令）；还有一些是理论家——更喜欢分析主题后再行动。

所有这些理论都聚焦于学习的“机制”，主要涉及学习的认知或动觉形式。然而，加德纳（Gardner, 1984）偏离了这个模式，认为学习与不同形式的智能有关。我们可以批判地看待他对智能的定义，他认为除了公认的视觉、听觉和动觉的学习方法之外，学生也可以通过语言、逻辑、人际和内省的智能来学习。戈尔曼（Goleman，1996）通过研究，在这种偏离了“科学”的或机械的学习观中加入了情绪智力的内容。这一理论认为，学生对学习的情感反应，很可能比他们获得新知识或新技能的天赋更重要。

然而，对教师做学习计划发挥指导作用的学习风格理论，却受到了广泛的批评。科菲尔德等人（Coffield et al., 2004）研究了不同学习风格在促进学习上的有效性，对此进行了尤为强烈的质疑。尽管如此，从如此多的风格中淘到真金，也还是有可能的。一些学生确实是从阅读中学习的，一些学生是在醉心于实践的过程中学习的，还有一些学生觉得通过视频或讲座来学习更容易。不论学生属于哪一种风格，都需要认识到信息本身和信息传递的环境对学生情感产生的影响。不论你选择的是某个理论的部分内容，还是结合了不同的理论，重要的是适合，目的是实现目标。

其他要素

做学习计划时最后需要考虑（但不是最无足轻重）的因素，是用来传递信息的资源以及评估学习的方式。资源及其发展本身就是一门学科，教师可以获取的信息资源非常多。资源不一定是有形的，比如一段视频或一本讲义；它们也可以包括学生自己，以及学习过程中采用的学习方式（第 7 章还会讨论）。尽管如此，资源需要符合 SMART 原则——具体是针对所教学科；可测量是为了增加课堂价值；可实现是为了让师生能在适 44
当的时候完成；相关性是指资源不应只是娱乐，还应在学习过程中发挥作用；有时限是指资源必须简洁，要融入而非取代计划好的学习进程。不得不承认，有时我们自以为准备的资源非常棒，学生却漠不关心。反思之后我们会发现，也许有必要丢弃那些无助于学习的资源。

评估是备课的最终要素，尽管它是在设定课程目的 / 目标时就需要考虑的问题。设定目的 / 目标时，需要仔细考虑能否以某种方式考查学生的进步。考查可以是正式的，也可以是非正式的；可以是形成性的，也可以是终结性的。这取决于课程本身，但也要考查学习的水平。在起步阶段，可以参考布卢姆的目标分类学。同样，评估本身就是一门学科，促进评估的资源有很多，但是对学习的考查必须做到相关、真实、有效和充分。

本章小结

本章我们探讨了与开发教学计划和教案相关的许多问题。我们探讨了教学计划和教案开发的实践，讨论了不同学习领域的研究对备课时设定目的 / 目标产生的影响。我们也简要介绍了不同的学习风格，强调了群体中每个学生都是不同的，探讨了他们不同的学习风格及其对制定成功、有效的教案的影响。思考一下，你如何设计教案？你的学生如何学习？为了帮助学生进行有效学习，你是否在适当的领域设定了目标？

导师时刻

写教案和教学计划并不是一件容易的事，它需要时间和实践，但是就像我们在本章开头说的那样，即便你很害怕做计划，但为了确保教学成功，你也不得不去做。想一想你在做教案或教学计划时可采用的方式，你是否：

- 考虑了通用要素？
- 考虑了将影响最终计划的具体要素？
- 考虑了你的课堂教学属于什么学习领域？
- 考虑了如何满足群体中可能出现的不同学习风格？

在下次与导师见面时，找机会跟他讨论你的发现。

拓展阅读

45 **Coffield, F, Moseley, D, Hall, E and Ecclestone, K** (2004) Should we be using learning styles? What research has to say to practice. Learning and Skills Research Council, London. Available at **www.itslifejimbutnotasweknowit.org.uk/files/LSRC_LearningStyles.pdf** (Accessed 20 January 2019).

Padden, L, O'Connor, J and Barrett, T (Eds) (2017) *Universal Design for Curriculum Design: Case Studies from University College Dublin*. Dublin: Access and Lifelong Learning, University College Dublin.

参考文献

Barbe, W B and Milone, M N (1981) What we know about modality strengths. *Educational Leadership: Association for Supervision and Curriculum Development*, 38 (5): 378–380.

Bloom, B S, Engelhart, M D, Furst, E J, Hill, W H and Krathwohl, D R (1956) *Taxonomy of Educational Objectives: The Classification of Educational Goals. Handbook I: Cognitive Domain*. New York: David McKay Company.

Broca, P (1861) Nouvelle observation d'aphémie produite par une lésion de la troisième circonvolution frontale. *Bulletins de la Société d'anatomie (Paris)*, 2e serie, 6: 398–407.

Coffield, F, Moseley, D, Hall, E and Ecclestone, K (2004) Should we be using learning styles? What research has to say to practice. Learning and Skills Research Council, London. Available at **www.itslifejimbutnotasweknowit.org.uk/files/LSRC_LearningStyles.pdf** (Accessed 20 January 2019).

Doran, G T (1981) There's a S.M.A.R.T. way to write management's goals and objectives. *Management Review,* 70 (11): 35–36.

Fleming, N D (1995) *'I'm different; not dumb: Modes of presentation (VARK) in the tertiary classroom', Higher education: Blending tradition and technology.* Proceedings of the 1995 Annual Conference of the Higher Education and Research Development Society of Australasia (HERDSA).

Gardner, H (1984) *Frames of Mind: The Theory of Multiple Intelligence.* London: Heinemann.

Goleman, D (1996) *Emotional Intelligence: Why It Can Matter More than IQ*. London: Bloomsbury Press.

Gravells, A and Simpson, S (2008) *Planning and Enabling Learning in the Lifelong Learning Sector*. Exeter: Learning Matters.

Honey, P and Mumford, A (2006) *Learning Styles Questionnaire: 80-Item Version*. London: Maidenhead.

Kolb, D A (2015) [1984] *Experiential Learning: Experience as the Source of Learning and Development* (2nd ed). Upper Saddle River, NJ: Pearson

Education.

Lawton, D (1983) *Curriculum Studies and Educational Planning (Studies in Teaching and Learning)*. London: Hodder Arnold.

Nuttall, C (1982) *Teaching Reading Skills in a Foreign Language*. London: Heinemann.

46 **Padden, L, O'Connor, J and Barrett, T (Eds)** (2017) *Universal Design for Curriculum Design: Case Studies from University College Dublin*. Dublin: Access and Lifelong Learning, University College Dublin.

Piaget, J (1936) *Origins of Intelligence in the Child*. London: Routledge and Kegan Paul.

Schön, D A (1991) *The Reflective Practitioner: How Professionals Think in Action*. Abingdon: Routledge.

Stenhouse, L (1975) *An Introduction to Curriculum Research and Development*. London: Heinemann Educational Books Ltd.

Taba, H (1962) *Curriculum Development: Theory and Practice*. New York: Harcourt, Brace & World.

Tummons, J (2012) *Curriculum Studies in the Lifelong Learning Sector*. Exeter: Learning Matters.

第 4 章

激励学习者

本章我们将探讨：

- “传统”学习理论中的动机
- 通过目的和目标进行激励
- 自我激励

引言

47 要想给“动机”下一个定义，似乎是一件复杂的事情。它是驱使我们做出特定行为的动力吗？它的出发点是渴望或恐惧吗？它是否也可能是环境因素的产物？或者它是一种本能，而人们受激励的程度取决于他们掌控动机的技能水平？

“动机”（motivation）一词源于“动因”（motive）。动因与个体的需要和愿望密切相关，意即我们采取行动也许是为了满足某些驱动因素的需要。但是动因本身可以由渴望或恐惧来决定，所以我们的动机既可以是物质的，也可以是精神的。同时，我们的文化可以引导我们的动因。有许多动机理论试图回答这些问题，每一种理论的视角都略有不同，我们将探讨它们和教学的关系。

本章我们要向大家介绍戴维——一名成功的、有激情的高中教师。戴维自己的教育经历令她相信，要想获得最佳结果，就要尽可能地努力。她是一名全情投入的教师，为课堂做准备时总是力求尽善尽美。在人生的大多数方面，这个方法使她获益良多，但是对学生的影响却很有
48 限——学生似乎远没她那么积极。接下来我们将从动机理论和教学实践的视角探讨戴维的教学，如下页图 4.1 的概括。

努力
我们行动
起来吧！
胡萝卜加大棒？
这是作业里
的内容吗？
我做不到！
变得好奇
这起作
用了！
那就这
么做！
再那
么做
也许？
这么做
有效果！

图 4.1　戴维的故事

· 案例研究 ·

戴维的日记

49 一想到能教英语，尤其是文学，我就非常兴奋。谁不爱听故事呢？我相信自己能逐步让学生爱上阅读。我曾把课堂想象成讨论图书、探索思想、寻求新知的地方，可是我好像遇到了阻力！每次我让学生打开书，不要玩儿电脑或手机的时候，他们就会闷闷不乐。他们怎么会说看书无聊呢？如果这时候有学生问："我们这是在考试吗？"那我就真要尖叫了！

我真的希望他们以阅读为乐，所以我不会放弃。我的导师建议我试试"胡萝卜加大棒"的办法，采取一些奖惩措施以激励学生阅读。这似乎是个好办法。我可以设计一套奖惩制度，这应该会有用吧？

"传统"动机理论

"动机"有多种定义，这不只表明界定这个概念颇具挑战性，也表明想找出激励他人的特定策略有多难。正如我们在引言里概括的那样，动机既可以是物质的，也可以是精神的和文化的。如果我们在"动机"前加"个体"二字，那么教师在激励学习者上找不到放之四海而皆准的方法就不足为怪了。根据动机理论与"传统"学习理论的联系，在此我们将不同学派的思想进行分组，并以此为起点来理解在同一个学习环境中可以使用的不同方法。

行为主义理论

行为主义方法与使用外部奖惩以鼓励期待行为有关，其中一些内容我们已经在第 1 章探讨巴甫洛夫和斯金纳的研究时概述过。“胡萝卜加大棒”的方法就是一个典型的例子。它基于这样一个隐喻：为了让驴听从吩咐，我们将胡萝卜悬在它的鼻子前面，而驴为了够到胡萝卜，只能卖力往前走；如果驴不为所动，我们就用大棒揍它。尽管这是一个再简单不过的方法，但它与操作性条件反射和经典条件反射（基于如何理解特定刺激和特定反应之间的联系）紧密相关。操作性条件反射和经典条件反射是联想式学习（associative learning）的两种形式。在联想式学习中，特定的诱因会触发特定的行为。两种理论的主要区别在于，操作性条件反射与通过奖惩进行强化训练的行为有关，而经典条件反射则承认尽管一些学习行为是非自愿的，但仍能对诱因做出反应。两者在我们的日常生活中都存在，只是我们通常意识不到。我记得在上学的时候，学生被告知只要校长进了教室就要起立，最终只要校长一出现，每个学生就会 50
自动起立而无须提醒。我们学会了将校长的出现与特定的反应——起立联系起来，我们知道，如果不按要求去做，就会受到惩罚。教师也教导我们要对走廊里的铃声和操场上的哨声做出反应，两者都表明一个教学日的结束和另一个教学日的开始。用这种方法，学习者会受到某种“激励”，以遵守与特定奖惩联系在一起的行为规范。要想让这种激励方法发挥作用，我们就需要在应用的过程中保持一致性，同时使激励对象普遍接受全部“规范”。

经典条件反射也是基于刺激和反应之间的联系，区别在于，反应的强化不是通过使用奖惩手段来实现的。可以说，在经典条件反射中，行为是学出来的，而在操作性条件反射中，行为是教出来的。在课堂上，这是一个不易觉察但非常重要的区别。经典条件反射既可以通过积极的方式，也可以通过消极的方式表现出来。例如，如果一个孩子在一堂科学课上受到了羞辱，他可能会因此讨厌这门学科，或者觉得自己学不好这门学科。它也可以是通过重复和强化引发特定行为的结果。一个典型的例子是，教师举手示意全班安静下来专心听讲。起初这个行为不会引起学生的注意，但是如果教师持续运用这项技术，它就能引发自动的反应。这样，特定的反应（安静下来，集中注意力）就与特定的刺激（举手）联系起来了；这个联系以重复和强化为基础，但并不采用奖惩措施。通过重复，让学生受到激励，从而展现出可能会产生积极结果或避免消极结果的行为。

案例研究

戴维的日记

我花了好几个小时设计新的奖励方案，又花了好几周时间让它步入正轨，但能和我的团队一起尝试，我真的激动万分。我想让这个方法更倾向于“胡萝卜”而非“大棒”，于是我创建了一个积分制。学生可以通过积极行为获得一定的分数。比如，学生完成了指定的阅读，为班级做出了贡献，帮助别人形成了自己的观点等，都可以获得奖励。但我也需要平衡奖惩，所以如果学生没有完成家庭作业，或没有参与讨论等，会被扣掉一些分数。每个周末，我都会计算总分，获胜者会得到奖品。我已经有了一些关于奖品的点子……它们应该是书或记事本这样具有激励作用的物品。那一定很棒！

在使用奖惩作为激励手段时，需要考虑的一个关键方面是奖励的感知价值。戴维选择了一些她认为学生可能会看重的东西（书、记事本）作为奖品，但是考虑到她的学生对阅读没什么兴趣，那么这些东西真的能激励他们吗？戴维无疑运用了胡萝卜加大棒的方法，如果持续强化，学生就会慢慢习惯这种方法，但这么做能否如她所愿激励学生呢？

认知主义理论

有几个动机理论可以追溯到学习的认知过程，其基础在于个体如何 51
理解他们获得的信息。弗鲁姆（Vroom，1964）的期望理论（expectancy theory）就是一个例子，因为它考虑到了个体行为背后的理性思考。这一理论通常用一个公式来表示，并提出了动机的三个主要因素：期望值（expectancy）、工具性（instrumentality）、效价（valence）。该理论认为，一个人的积极性在多大程度上能被调动，取决于他对付出一定努力将达成满意绩效的信念（期望值）、该绩效所能获得的奖励（工具性）以及奖励对满足个人需要的价值（效价）。

这三个因素只有同时作用，动机才能产生。如果个体对公式中的任何一项没有信心，动机可能就会低很多。例如，一名学生坚信，集中练习特定任务可以最大限度地提高技能，以帮助自己通过即将到来的考试。对学生来说，在考试中取得好成绩很重要，所以他们就有动力付诸行动。但是，如果他们不在乎成绩的好坏会怎样呢？如果他们并不介意是否通过考试呢？在这种情况下，公式中“效价”部分就会降低，动机可能也会降低。如果他们想要取得好成绩，却觉得练不练习无关紧要，那么同样的情况也会发生。

另一个相关理论，是由莱瑟姆和洛克（Latham and Locke, 1991）提出的目标设定理论。该理论认为，设定具体的、可测量的目标会对动机产生积极的影响，因为它提出的挑战可以提高绩效。这一研究的一个重要发现是，想让目标有效，它就必须具有挑战性，而且与“全力以赴”这类鼓励相比，我们更可能受具体目标激励。我们稍后会详细介绍如何有效运用目标。

图 4.2　期望理论

人本主义理论

52　动机通常被称为“驱动力”（drive），是隐藏在特定行为背后的力量。这种信念催生了这样的观点：动机本身就是“驱力减低”（drive reduction）[①] 的一种形式，因为它为我们提供了所需动力，以确保我们的需求得到满足，并使我们的身心恢复到平衡状态。这类似于“内稳态”（homeostasis）的概念——身体积极保持某种平衡的方式。当我们饥饿、口渴或寒冷的时候，我们就会被迫做出减少这些欲望的行动。一个著名的动机理论即基于这个原则，那就是马斯洛（Maslow, 1943）的需求层次理论。该理论认为，需求是按优先级排列的，这意味着我们必须先满足较低层次的需求，然后才能满足更高层次的需求。下页图 4.3 展示了几个例子。

① 这是行为主义学习理论的主要动机理论，由美国心理学家克拉克·赫尔（Clark Hull）提出，认为动机的形成原因是机体内驱力的刺激，如果需求得到满足，则驱力刺激降低，行为减弱或停止。——译者注

图 4.3　改编自马斯洛的需求层次理论

尽管马斯洛的需求层次理论是非常著名和流行的动机模型，但某些方面仍然值得探讨。例如，对自我实现的需求，你是怎么理解的？在生活的不同阶段，自我实现的驱动力是稳定的吗？对某些人来说，自我实现的需求，不管其形式如何，是否都要比食品或安全这样的基本需求更重要？这让人不禁想到饿肚子的艺术家。马斯洛提出自我实现的概
念，认为它是一种与生俱来的驱动力，让我们成为理想中的自己：“渴 53
望越来越成为自己所希望的人，成就自己所能成就的一切。”（Maslow, 1943, p.382）但是有多少人能真正了解自己呢？用马斯洛的话来说，为了满足自我实现的需求，我们还要有高水平的自我意识和知识，否则即便到达金字塔的顶端，我们可能都意识不到。最近克雷姆斯等人的研

究（Krems et al., 2017）对“自我实现”这一概念进行了探索，将个人对这一术语的不同观点搜集起来，以分析它是否属于超脱于其他生理需求或社会需求的一种动力。研究者发现，人们往往将自我实现的需求与寻求生活中的地位联系起来，而且这种需求会随着人生阶段的变化而变化，是可以预测的。这样一来，在每个人的不同人生阶段，发挥显著作用的动力就各不相同。现代教育往往根据年龄划分教育阶段，例如小学和中学。在这样的教学环境中，教师做出判断相对容易，人们也更容易做出这样的假设：一群人大概处于人生的相同阶段。然而在后义务教育阶段，情况要复杂一些，教师有可能要跟年轻人、青少年的家长、中年转行者和退休者一起合作。

与动机相关的另一种人本主义思想，强调相信我们能够成功的重要性。申克（Schunk, 1984）认为，如果觉得任务会失败，人们就不会努力。相反，如果相信自己能够做成某事，人们就可能会努力。班杜拉(Bandura, 1986) 称之为“自我效能”（self-efficacy），认为当学生的自我效能高的时候，他们会表现得更好。这一观点得到了德韦克关于思维模式的研究（参见第 2 章的概述）的进一步支持。该研究认为，与那些相信自己拥有无限潜能的人相比，认为自己的能力是固定不变的人付出必要努力的可能性更小。前者更关注成就的发展方面，能够认识到自己目前也许“尚不具备”做某事的能力，因此更有可能付出必要的努力来提升技能和知识（Dweck, 2008）。

停一停

你会在教学中运用哪一种理论？你会采取哪些切实可行的策略来强化学生的学习动机？

· 案例研究 ·

戴维的日记

两周以来，我一直在尝试“胡萝卜加大棒”的策略，现在我开始怀疑自己的选择。我完全按照导师的建议做了，这个建议很简单，我也和学生讲得很清楚，我甚至在每节课上为每个学生提供了得分的机会，以此巩固这个策略。毫无疑问，我的方法能够保持连贯性，而且我敢肯定学生也知道我对他们的期 54
待……但他们根本不在乎！我不愿承认这一点，但是这真让我心烦意乱……我觉得自己可能坚持不下去了。

即便观察了其他老师的行动，我也没找到明确的答案。一些老师似乎使用了基于奖惩的方法，一些老师则提出了许多问题，还有一些安排了大量活动。事实上，好像任何方法都管用，可对我却没什么用！

我开始绝望了。这真的对我自己的动机产生了影响。坦白地说，我不习惯在一件事上纠结……或许我并不适合当老师？不得不承认，我对我的导师有点儿失望。为什么他不干脆告诉我该怎么做？我想要的只是可以遵循的技巧或程序，但他总说要观察别人、反思自己、保持好奇心……这真的一点儿用处都没有！

好奇心与动机

好奇心可以被描述为一种认知过程，因为它可以推动我们思考或探索某个话题。好奇心也会引发某些行为，如开展研究，与他人讨论观点等。当我们对某事好奇时，我们就更可能找机会与之互动。从这个意义上说，好奇心本身就提供了一种有激励作用的动力；我们对某事好奇，便会去探索它，我们越好奇，就越有动力去学习更多。在学习环境中，这个观点非常重要。西尔维娅认为，好奇心提供了有效学习所需的内部动机：*兴趣激励人们为了自己而学习，确保人们发展广泛的知识、技能和经验*（Silvia, 2008, p.57）。那么，我们该怎么做呢？怎么做才能使人对某事感兴趣，进而产生好奇心，想了解更多？如果我们知道这个问题的答案，那么激励他人就不是一件难事了。

然而，人们的兴趣因人而异。我们都有不同的好恶，等到长大成人，我们已经花了大量时间来培养它们。我们依据个人的理解来看待这个世界，因此我们对某一事件的看法也可能不同。麦基罗（Mezirow）关于参照系（frames of reference）的研究明确强调了这一点，它概括了个体是如何理解或构建经验的。麦基罗（Mezirow, 1997）认为，如果我们花时间思考和分析，参照系也是可以改变或转换的。从某种意义上说，当我们这么做的时候，我们就是在重构与特定经验相关的思想，从而获得不同的视角，这反过来又可能引发不同的行为。在戴维的例子中，这个过程正在形成，因为她认识到了自己在激励学生方面的欠缺。尽管她承认没有可以遵循的特定方案令人沮丧，但她还是希望听从导师关于反思和好奇心的建议，这也许是成功改变的第一步。

停一停

55 你可以用什么策略来激发学生的好奇心？

培养好奇心就是培养一个有用的习惯。好奇心使我们在学习中扮演积极的角色，而非消极的角色，也使我们总以开放的心态面对新思想，这反过来帮助我们形成一种深层而非浅层的学习方式。在深度学习中，

图 4.4　越来越好奇

我们需要运用像分析和综合这样更高阶的技能，这可以帮助我们加深对某一主题的理解。相反，浅层学习是指我们为了达成特定目的，如通过面试或考试，而简单地记忆（很快就会忘掉）知识（Marton and Säljö, 1984）。如果你不是一个天生就很有好奇心的人，那么培养好奇心也许需要多加练习，图 4.5 提供了一些建议，你可以尝试。

图 4.5　变得好奇

案例研究

戴维的日记

我真的在非常努力地培养我的好奇心，实际上我也很喜欢跟别人讨论教学……但我还是渴望按照一种循序渐进的方法去做！奇怪的是，尽管我不想承认，但我感觉自己开始理解导师的用意了，而且如果只是亦步亦趋，我也许就领会不到这一点了。在反思我的观察，并与一些同事交流后，我开始相信，善于激励学生的老师，往往就是那些了解学生，并试图使自己的教学方式适合学生个体或群体而非特定主题的老师。现在我好像想明白了！这绝对是我可以做的，我甚至可以与每个学生一起寻找适合他们的特定目标。这让我松了一口气，我开始重拾教学热情了！

通过目标进行激励

56 我们往往会低估设定有效的个人目标对提升动机和成就的重要性，这也许是因为教师并不把它看作头等大事，或者对此并不擅长？设定具有挑战性的具体的目标，与绩效和动机的提升有关。莱瑟姆和洛克（Latham, and Locke, 1991）的研究表明，当个体设定了具有挑战性的目标时，工作绩效就会持续提升。他们最终得出结论：假如有足够的能力和达成目标的决心，那么目标实现的难度越大，绩效就会越高。其原因在于，人们通常会根据任务的复杂程度来调整努力程度，因此会为实现难度大的目标付出更多的努力。

这个结论似乎非常合乎逻辑，那么我们该如何将其与教学联系起来呢？如何设定值得追求的目标，而非仅仅写在纸上，很可能永远不会再提起的行动计划？

想让目标有意义，就必须确保它是内化于心，而非强加于人的。尽管利用这个观念应该不难，但在如何使目标内化于心、如何建立有意义的目标方面却存在障碍。学习者擅于说出我们想听到的内容，因此他们很可能设定这样的目标，而非可能影响他们预期结果的目标。即使学习者知道自己想要什么，他们也可能无法清晰地表达出来，而真正的目标也就丢失了。

克服这一问题的一种策略，是在指导环境中设定目标，这意味着需要
在一个支持机制内进行一对一的辅导。这不是说一定要靠加班来完成，教 57
师可以在课堂上创造机会，让各小组积极参与任务式学习，从而将时间分配给每一名学生。这也可以由能为教学活动提供支持的其他教员来完成。

自我激励

动机是日常生活的一个重要组成部分，影响着我们实现目标的能力。在教学中，人们普遍认为教学任务、学习的有效性与动机存在内在联系，因此教师非常清楚自己在激励学生方面的责任。尽管如此，我们常常忘记我们自己的动机。激励教师自己就像激励学生一样，是积极教学环境的关键因素。在这种情况下，教师更有可能尝试新的策略，更容易点燃工作热情，并用自己的热情感染他人。

动机的恶性循环和良性循环

以戴维为例，很明显她在激励团队上收效甚微，这也对她自己的学

习产生了很大的影响。因为没什么进展以及得不到想要的答案，她开始变得沮丧。这些事情在她心中种下了消极的种子，使她对自己的能力产生了怀疑，并且埋下了恶性循环的隐患。这反过来又可能加剧最初的有害想法。

在大多数情况下，消极的或恶性的循环始于非理性的信念、想法和期望，进而转化为破坏性情绪，如愤怒、焦虑和内疚。当被负面情绪压垮时，我们就不太可能把工作做到最好。随后，我们会变得更消极，并继续这一循环。

在戴维的例子中，通过增强好奇心、培养与同事讨论看法的兴趣，戴维阻止了恶性循环，重拾教学热情。良性循环的开启，更有可能带来有利的结果，并进一步强化她对找到解决当前问题的办法的信念。我们都有可能像戴维那样陷入恶性循环，在变消极为积极的过程中，及时发现负面情绪并找到解决办法，是非常有用的。

活动 4.1

列出可能会导致你陷入恶性循环的事情。针对列出的每一件事，思考一个替代策略，将恶性循环变为良性循环。

58 恶性循环有可能变成“自证预言”（self-fulfilling prophecy），简言之，我们的信念或期望能够影响我们的行为，导致这一信念变成现实。对此莫顿这样描述：*对情境的错误定义会引发一种新的行为，使原来的错误观念变成现实*（Merton, 1968, p.477）。例如，我们可能认为自己“不够好”，无法申请升职。如果这一念头被“不够好”的意识不断强化，那么当升职机会到来时我们会怎么做？大多数人可能不会去申请这份工作。结果认为自己不够好的念头变成了现实。

图 4.6　恶性循环

将恶性循环变为良性循环，首先要纠正我们的思维方式，其目的是凸显非理性的想法或信念，以便用更理性的方式重构它们。与他人谈论内心的忧虑，试着将消极的自我暗示转变为中立或积极的陈述，将脑海中无用的想象替换为更现实的想象，都是可以帮助我们完成转变的方法。

实践积极动机

我们往往认为，动机是一种自然状态或属性，有的人天生动力满满，而有的人恰恰相反。真是如此吗？还是说，动机是可以像其他技能那样培养的？

建立动机的一种策略是积极实践。通过在工作或个人目标中运用新 59

想法、勇于创新、将犯错视为过程的一部分、将问题视为潜在的挑战，我们都可以做到这一点。如果是这样的话，最重要的一件事就是想做什么就去做什么，仅此而已。以戴维为例，她所做的就只是听听其他老师的课，然后找机会与他们讨论自己的想法罢了。这不需要任何特殊的技能，也不需要投入大量时间。这很简单，也让她看到了应对挑战的潜在解决方案。

我们也可以像安排日常生活那样制订激励计划。这是许多知名作家的常见做法。例如，小说家村上春树每天在做其他事之前，都会先写上10页，然后再跑10公里步（Marukami, 2014）。诗人、作家马娅·安杰卢（Maya Angelou）曾租下当地旅馆的一间客房来写作；她一大早就来到这里，写到下午两三点钟，然后回家校订，从不在旅馆睡觉（Writers Write, on Line）。尽管我们也许不得不从事某项并不能点燃热情的工作，但可能还有其他事能够引起我们的兴趣，因此我们每个人都有机会安排有激励作用的活动，这有助于我们维持动机的平衡。

本章小结

本章我们探讨了动机的传统理论及其在课堂上的运用，也讨论了教师如何使用特定目标激励学生个体。虽然有些理论似乎可以直接运用到你的教学中，但是还有一些理论的用处却并不明显。重要的是，你要用开放的心态对待所有理论，思考它、质疑它，并尝试以适合你的方式调整它。或许本章最重要的一点，是思考如何保持自己的动机，因为这是你作为一名专业教师获得持续发展的关键。

导师时刻

这里，我们为你提供了与导师讨论本章内容的起点。提出下面这些问题的目的，是鼓励你考查自己对本章概念的理解，并思考这些概念将如何影响你的教学。

- 学习动机很强的学生有着怎样的特征？
- 哪些理论与你对动机的想象有关？
- 在激发学生的动机上，你会尝试什么策略？
- 你如何让自己干劲儿十足？

拓展阅读

Dweck, C S (2017) *Mindset: Changing the Way You Think to Fulfil Your* 60
Potential. New York: Ballantine.

Locke, E A and Latham, G P (2013) *New Developments in Goal Setting and Task Performance*. Abingdon: Routledge.

参考文献

Bandura, A (1986) The explanatory and predictive scope of self-efficacy theory. *Journal of Clinical and Social Psychology*, 4 (3): 359−373.

Dweck, C S (2008) *Mindset: The New Psychology of Success.* New York: Ballantine.

Krems, A J, Kenrick, D T and Neel, R (2017) Individual perceptions of self-actualization: what functional motives are linked to fulfilling one's full potential? *Personality and Social Psychology Bulletin*, 43(9): 1337−1352 doi: 10.1177/0146167217713191

Latham, G P and Locke, E A (1991) Self-regulation through goal setting. *Organizational Behavior and Human Decision Processes*, 50(2): 212–247 **http://dx.doi.org/10.1016/0749-5978(91)90021-K**

Marton, F and Säljö, R (1984) Approaches to learning, in Marton, F, Hounsell, D and Entwistle, N (eds) *The Experience of Learning*. Edinburgh: Scottish Academic Press.

Marukami, H (2014) *Men without Women*. London: Vintage.

Maslow, A H (1943) A theory of human motivation, in Merton, RK (ed) (1968) *Social Theory and Social Structure*. New York: Free Press.

Merton, R K (1968) *Social Theory and Social Structure*. New York: Free Press.

Mezirow, J (1997) *Transformative Dimensions of Adult Learning*. San Francisco, CA: Jossey-Bass.

Schunk, D H (1984) Enhancing self-efficacy and achievement through rewards and goals: motivational and informational effects. *Journal of Educational Research*, 78 (1): 29–34.

Silvia, P J (2008) Interest: the curious emotion. *Current Directions in Psychological Science*, 17 (1): 57–60.

Vroom, V H (1964) *Work and Motivation*. San Francisco, CA: Jossey-Bass.

Writers Write Maya Angelou's writing process. Available at **https://writerswrite.co.za/maya-angelous-writing-process/** (Accessed 13 January 2019).

第 5 章

发展学习者的思维

本章我们将探讨：

- 什么是建构主义
- 认知主义和建构主义有什么联系
- 一些与建构主义相关的理论
- 建构主义学习的原则
- 如何将这些原则应用于课堂

引言

61 对许多教师（无论是新教师还是有经验的教师）来说，在课堂上运用建构主义进行教学很难。尽管表面上看这是一个非常简单的过程，依据的原则不过是鼓励学生对学习承担更多责任，但将建构主义融入教学实践还是非常有挑战性的。本章我们将探讨这种挑战的性质、如何应对，以及在应对挑战的过程中如何用建构主义使课堂教学变得效率更高、效果更好。综上所述，建构主义教学不是一件容易上手的事，它并不适用于每一种情况，也不适用于每一个学生。跟其他理论一样，我们在思考建构主义教学时，也要考虑许多变量：学生的天性、学习水平、主题、课堂风气，但最重要的考虑因素也许是教师的态度和自信。本章我们将认识一名渴望使用新方法来改善学生学习情况的年轻教师——帕特。

案例研究

帕特的日记

我正忙着为新学期做准备，这真是一件激动人心的事情。今年我就可以教 HND 和 A 级[①]课程了，我打算尽可能教得有趣些。我清楚地记得当年上 A 级课程的时候有多无聊。我指的不是学科本身——我真的很感兴趣，而是教学方式。一节课接着一节课，一个讲座接着一个讲座，学生只是不停地记呀写呀。我不会再让我的学生吃这种苦头了！我要弄清楚怎样让学习变得更有趣，让学生能够理解这个学科，而非仅仅重复事实。

① A 级是指英国普通中等教育证书考试高级水平课程（General Certificate of Education Advanced Level，简称 A-Level），是英国高中课程，也是英国学生的大学入学考试课程。它的专业分科极为细致，相当于大学的基础课程。——译者注

我可以尝试做什么？
怎么将它变得有趣？
我如何让他们思考？
他们如何形成自己的理解？
学习
为什么一切都这么糟糕？
飞跃
不
循序渐进

图 5.1　帕特的故事　62

建构主义学习

63 让学习变得有趣，发现新的学习方法，确保学生理解学科——帕特要着手完成的是一项相当艰巨的任务。学生用不同的方式建构自己对学科的理解。尽管所有学习都始于感官加工，即通过视觉、听觉、触觉等各种感官来吸收信息，但以这种方式获得的大量信息会进入短时记忆，很快就会被遗忘。艾森克和基恩认为，*学习与了解环境并决定适合该环境的行动的内部过程有关*（Eysenck and Keane, 2005, p.1）。尽管感官和短时记忆处理系统只能分析一种情况，但这些系统会与长时记忆一起工作，以回忆和调取先前储存在长时记忆中的信息，目的是处理当前情况（如艾森克和基恩所述）或向现有图式中添加信息供将来参考［如皮亚杰（Piaget, 1936）所述］。这两种过程都需要学生积极投入并参与（不论是有意的还是无意的）学习过程。哈特利指出，*在参与的过程中，学习者学到的并非习惯，而是运用知识，并在不同要素、事实、概念和观点间建立联系的计划和策略*（Hartley, 1998, p.11）。

案例研究

帕特的日记

没错，我没让学生闲着，他们一直在做事或思考，但他们好像无法在事物间建立联系，也无法独立思考，看来他们仅仅满足于学习已有的事实。现在我正在做所有的工作，感觉就像在进行填鸭式教学——这不是我想要的。我需要做些改变，但是要怎么做呢？

64 帕特和学生所遭遇的，是从认知主义（参见第 3 章）向建构主义转变的难题。在认知主义教学中，教师承担学习的责任，他们将信息或

“知识”切分成小块提供给学生，以便学生吸收或“学习”。不可否认的是，建构主义教学要想取得一定的效果，需要牢固的知识基础。因此在学年初，帕特要想确保学生打下坚实的知识基础，也许还要进行认知教学。然而帕特说得没错，正如第 1 章中所讨论的，学生需要从简单地接收指定信息向将信息作为批判性思考的工具转变（Knight, 2015）。帕特意识到需要在以下两个方面做出改变：

1. 重新调整学习的角色和责任。
2. 重新思考学习是什么，以及如何实现学习。

建构主义的理论基础

基于皮亚杰的研究，维果茨基（Vygotsky, 1978）发现了学习的三个关键因素：

1. 最近发展区。
2. 更有见识的他者。
3. 社会互动。

从这则日记中我们可以清晰地看到，帕特认识到了在学生的现有水平和他们可能达到的水平之间存在着一条鸿沟——维果茨基将其描述为“最近发展区”（zone of proximal development，简称 ZPD）。最近发展区可能存在于任何学习领域（参见第 3 章），当现有的身体、心理（态度）技能或知识不足以支撑群体或个人进入下一个阶段的学习时，最近发展区就会出现。在拥有适当知识与技能的人，即维果茨基所说的“更有见识的他者”（more knowledgeable other，简称 MKO）的指导和鼓励下，学生得以发展成功跨越最近发展区所需技能或知识。但是，技能或知识的发展需要更有见识的他者通过“搭建脚手架”提供支持（Bruner,

1960）。在布鲁纳看来，*脚手架包括为降低任务实施的自由度而采取的步骤……以便（学生）将注意力集中于正在学习的技能或知识*（Bruner，1978, p.19）。在新建筑物的施工过程中，脚手架限定和塑造了建筑物本身的形状，同时为工人提供了可以安全施工的空间。在教育中，脚手架源于更有见识的他者和学生的建构性互动，目的是帮助学生实现特定的结果。脚手架一开始来自更有见识的他者提供给学生的主要知识（通常使用认知教学方法），它虽然暂时限定了学生的知识，却能使他们将注意力集中在主题上，并为他们着手建构或发展图式提供了一个安全的框架。

图 5.2　最近发展区

活动 5.1

65 想一想帕特的情况，记下你对下面几个问题的看法。

- 帕特的学生必须跨越的最近发展区具有什么样的特性？
- 要想获得跨越最近发展区所需技能或知识，学生能够接触到的更有见识的他者都有谁？
- 为帮助学生学习，帕特要怎样搭建脚手架？

现在，帕特认识到最近发展区存在于学生能做什么（识别和吸收信息——认知学习）和需要做什么（在信息碎片之间建立联系，并批判性地评估它们的相对重要性——建构新知识）之间。其实，帕特的学生缺少的是布卢姆等人（Bloom et al., 1956）提出的评价、分析、综合这样的高阶思考技能。帕特可以扮演更有见识的他者的角色，通过指导和鼓励来培养学生的这些技能，但需要用创造性教学法精心搭建脚手架，使其既能支持学生的学习，又能对学生提出挑战。然而，帕特并非唯一可能成为更有见识的他者的人。如第 3 章所述，学生学习的进度不同，理解新知识的方式也不同。维果茨基认为，同伴如果对主题的理解更深入，或理解方式别具一格，就可以在互动中扮演更有见识的他者的角色，成为其他学生的诤友，以挑战和拓展他们现有的图式。

早在 20 世纪 20 年代，维果茨基的理论就在斯大林时代的苏联得到了发展，然而他的著作直到 20 世纪 70 年代才传到西方。布鲁纳的学习
理论与维果茨基的理论尽管不是在同一时期提出的，但在某些方面却相 66
似，比如两者都看到了学习者以自己的方式与学习主题互动并理解其意义的重要性。尽管如此，他们对教师在这一过程中所扮演角色的看法却是不同的。维果茨基建议，教师应该扮演更有见识的他者的角色，为学生示范组织和分类信息的过程；而布鲁纳（Bruner, 1978）认为，学生应该在一个他称之为“发现学习”的过程中，自主、积极地发现信息碎片之间的联系。两位理论家都认为，在信息之间建立联系是学习的一个关键因素，但在布鲁纳看来，学习的最重要结果，是通过开发问题解决流程培养个体独立寻找答案的能力。

尽管如此，布鲁纳和维果茨基有一个共识，那就是个体可以通过参与社会互动促进学习。通过与同伴或更有见识的他者辩论和讨论，个体能够积极地参与意义建构（理解事物），不断丰富现有理解以构建新知识。更有见识的他者在呈现、解释信息或情况时使用多种方式，既能对学生现有的思考提出挑战，又能使他们以自己特有的方式掌握概念和思

想。在与更有见识的他者的社会互动中，学生可以在构建新的意义系统（他们各自理解和阐释学习主题的方式）中获取经验。

用建构主义的方式进行教学，对师生都颇具挑战性，因为它需要两者改变自己与学习的关系。教师的角色需要从教授者（控制学习的进程，决定输出信息和接收信息的方式）向引导者和导师（向学生提出挑战，让学生发展自己的理解）转变，而这个转变是很难的。对任何教师来说，在学会“放手”，放弃课堂掌控权的同时，仍能做到对学生的学习负责，绝非一件容易的事情。同样，学生要想改变自己与学习的关系也不容易。一直以来，大多数学生习惯于被动接受知识，并认为这一过程就是“学习”。但在建构主义者看来，学生必须领会，学习是个人的事，需要他们积极参与，在现有事实或知识碎片间建立联系，以建构新的知识。这个建构知识的过程对个体来说是独一无二的，世界上没有两个人的学习经验是完全相同的，每个人都是在先前经验和理解的基础上建构新知识及其之间的关联。

简述建构主义

- 建构主义是关于个体发展新知识的理论。
- 学习是个人的事。
- 学生在跨越未知的时候需要引导，但是将新理解与已有知识联系起来，以建构意义和新知识，却是个人的事。
- 学生也许需要开发解决问题的新技能。

67 • 师生的角色都需要转变。教师由控制学习进程的教授者变为引导者或导师；学生由知识的被动接受者变为知识的建构者。在两者的合作下，新知识和新理解的建构才得以完成。

- 学习是社会性活动，包括与他者（同伴和更有见识的他者）的互动。

案例研究

帕特的日记（一则）

没错，灌输得够多了！学生已经学完了这个单元的所有基础材料和阅读材料等，我必须让他们开始独立思考。这个单元有一项书面作业，我通常会针对目标给他们许多指导，这次我想让他们自己解决。毕竟一旦进入大学或职场，他们就必须靠自己——不如现在就找到解决办法！

二则

简直糟透了！作业做得太差劲儿了——我看不出任何整体思维的迹象，他们只是照搬我提供给他们的事实。我给他们那么多时间，让他们独立完成任务，但他们似乎什么都没学到。大多数学生没有建立起任何联系，只知道将网上看到的内容复制粘贴下来——他们就是做不到。难道我错了吗？怎么办？！

活动 5.2

读读帕特的日记，写下你对下列问题的看法。

- 你怎么看待这些问题？
- 你认为帕特和他的学生应该如何使用建构主义教学来克服困难？

从第一则日记来看，帕特好像已经决定“放手”了，但是正如第二则日记显示的那样，仅仅“放手”是不够的。“放手”并不是说教师就可以放弃学习进程中的责任——建构主义不只是留给学生时间和空间，让他们自行学习。要想进行有效的建构主义教学，我们需要仔细计划和监督。

回顾这两则日记就能发现，帕特只是部分地识别出学生的最近发展区。帕特能够看出他们“照搬事实”，而不是建构知识、建立联系和评判
68 不同要素。帕特提供的基础“知识”，为学生未来的学习搭建了一个平台，但学习是一个主动的过程，也是个人的活动，它不仅包括意义的建构，也包括意义系统的建构。建构布鲁纳所说的意义系统，需要一定的技能（这里指高阶思维技能）。而从日记看来，帕特似乎没有认识到教给学生这些技能的必要性。

帕特需要考虑学生的动机，即诺尔斯等人 (Knowles et al., 2015) 所说的“学习意愿”（readiness to learn）。帕特本可以通过引入奥苏贝尔 (Ausubel, 1960) 所说的“先行组织者”（advance/forward organisers），来提升学生参与学习的意愿或动机。这是一个三阶段系统，它提供了一个稳固的脚手架，使学生可以在其中安全地学习新材料，或将新思想融入现有的图式。在第一阶段，教师对课程目标，即希望学生学到什么、他们该怎么做以及为什么这么做，给出清晰的解释，以打好脚手架的基础。用学生能够理解的语言来解释目的和目标，并建立它们与之前课程的联系，能使学生理解新的学习背景，准备好现有图式以接收新信息，并建立其与当前知识的联系。这种方法可以调动学生的学习积极性，因为学生获得了一张路线图，在上面既能看到目的地，又能看到路线（或进程）。第二阶段涉及学习内容的合理呈现。教师利用能够实现学习目标的任务或活动，来设计和搭建脚手架，同时确保学生能在一个定制的框架中积极投入建构新知识的过程。最后一个阶段的设计目的，是让学生扩展或增强他们独特的意义系统（他们每一个人对新学习的独特解读和理解）。在这个阶段，教师要鼓励学生用批判的眼光看待新知识，思考其与之前所学内容的矛盾或联系。这样，教师就能够在脚手架提供的安全空

间中，促进学生建构自己的知识以及对学习主题的理解。

海因（Hein，1991）曾提出建构主义学习的九大原则，而将“先行组织者”引入教学，则可以被视为将这些原则付诸实践的基础。

1. 学习是一个主动的过程，在这个过程中，学习者能够通过感官输入构建意义。
2. 学习既包括意义的建构，又包括意义系统的建构，学生在发展他们各不相同的意义系统的过程中学会了如何学习。
3. 建构意义是个体的心理活动。
4. 语言的使用很重要，因为学生需要理解教师对他们的期待，并将新词汇融入自己的图式。
5. 学习是一项与人际关系有关的社会活动。
6. 学习的情境很重要。学习是情境性的：我们不是在与生活无关的抽象而虚无的心灵世界里学习孤立的事实和理论，而是在与已知世界的联系中学习。
7. 原有知识是不可或缺的，因为它为新知识的形成打下了基础。
8. 学习需要时间，创造和确立意义系统是一个循序渐进的过程。 69
9. 学习者需要激励，人们需要知道做某件事的原因和他们应该实现的目标。

停一停

反观你自己的教学，从上述九大原则中选出你正在使用的原则，思考这些使用过的（没使用过的）原则对学生的学习进程产生了（将产生）什么影响。

开发建构主义课堂

合作学习

在使用建构主义教学法时，教师们担心的一个问题是，自己对学生学习的影响可能会减弱。但是，建构主义学习是建立在师生合作的基础上的，教师扮演的是指导者的角色。这就意味着教师依然要对学习负起责任，要通过辅导、示范和搭建脚手架，让学生有能力为自己的学习负责。设计学生能够参与的活动，可以帮助他们建构新知识和意义系统。另一个也许令教师们疑惑的问题是，在外人看来，建构主义课堂可能是喧闹而漫无目的的。大多数教师习惯于这样的课堂：学生或读写，或做研究，都在勤奋、安静地学习，吸收着教师提供的知识。但是，建构主义课堂依据的是不同的原则；学习是一种主动的、合作的、社会性的活动，包括讨论和有组织、有互动的小组工作，目的是促进学生创造独特的理解和意义系统。然而，这样的活动通常不是那么安静的。

引入螺旋式课程

创造知识、发展意义系统是不断进化的学习过程。在促进这些过程时，帕特需要考虑的一件事是引入螺旋式课程（spiral curriculum）（Bruner, 1960）。通过在一段时间内针对某一话题或主题安排多次讨论，并在每次讨论时提高其复杂度，教师能够将难懂的或复杂的知识置入语境，让学生在新的学习和之前的学习之间建立联系。用这种方式重温主题，不仅可以给教师提供在教授新知识前评估当前学习情况的机会，还可以提供一个安全的智力环境。在这样的环境中，学生就可以反思自己的学习，在表达观点或讨论潜在的知识或联系时敢于冒险。但是，重温主题并不是说每次都要使用相同的学习方法。提供基本信息后，教师就可以转而开发学习的脚手架了。

搭建学习脚手架

教师可以利用精心构建的互动活动来设计学习脚手架。在建构主义 70
中，教师通常会围绕一个“大概念”或抽象概念打造课堂。学生要想理解所学内容、取得进步，就要掌握这一概念。在理想的情况下，课堂活动需要以某种形式吸引学生参与。但这并不是说活动就必须是体力的，更多时候是智力和社会性的。与他人（同伴或更有见识的他者）互动，可以鼓励学生提出或讨论自己的看法。案例研究、小组项目、演示后的讨论、旋转木马活动（carousel activities）[①]、头脑风暴、小组漫谈、合作绘制概念图等活动，都可以促进学生理解新知识。在这些活动中，先入之见可能会受到挑战，现有的图式得到发展或改变，新知识得以建构。

发展思维技能

帕特遇到的一个问题是，学生没有拥有建构主义学习所需的高阶思维技能。我们刚刚提到的活动，也许主要致力于赋予学生建构新知识的能力，但它们同时还可以用于发展思维技能。像“创意闪约”（ideas speed dating）[②] 这样的活动，学生可以在一段时间内多次就某一主题向同

---

① 旋转木马活动是一种合作学习策略。在这个活动中，参与者围成圆圈，像旋转木马那样绕着房间走动，时不时停下来就引导者或教师给定的主题进行讨论和反思。该活动可以为学习者提供交流和互动的机会。——译者注

② “创意闪约”是一种快速激发众多创意的活动。在活动中，小组内的所有人围坐在桌子四周，桌上铺一大张纸。引导者播放音乐，每个人用不同颜色的笔在纸上写下与当前主题相关的想法。几分钟后音乐停止，每个人向左或向右走一步，坐在邻座上。引导者继续播放音乐，每个人必须在前一人想法的基础上写下新想法。这样不断重复，直到纸上写满了各种创意。——译者注

伴发表意见、接受反馈，这可以帮助他们发展分析、评价和综合的能力。鼓励学生使用思维导图或分组制作思维导图，可以帮助他们发现并建立思想、概念和事实之间的联系。一个简单的创意，例如在学生创作小组思维导图的时候，分给组内每个学生不同颜色的铅笔，不仅可以帮助学生看到自己在创作过程中的贡献，还可以让他们看到个人观点和个人理解的发展变化过程。

有的放矢的活动

在实施这些活动的时候，让学生理解活动的目标非常重要。学生如果不明白这一点，就只会记住活动本身，而非活动是怎样帮助他们达成学习目标的。如果活动时间过长，或学生无法集中注意力，那么就无法达成目标。我在实施建构主义活动的时候，喜欢用“十分钟法则”，即任务都不得超过十分钟，以此鼓励学生把注意力集中在目前的任务上。然后我会安排一个相关的活动，旨在帮助学生加深理解，或鼓励他们进一步探索主题。也可以为任务增加几分钟的时间，以获得学生对所学内容的反馈。教师或小组可以指定抄写员，让他把大家的想法写在黑板上，这样活动结束后大家可以参考。通过展示活动之间的联系，教师不仅证明了他们是在积极地与学生并肩作战，也证明了他们在掌控学习进程的同时还能够展示发展意义系统的不同方式。

71 在建构主义课堂上，教师的角色至关重要。他们不仅是学习的指导者，负责选择并安排适合的活动，也是学生的导师。教师从学生及其活动中寻求反馈，不仅可以证明他们珍视学生的投入和观点，也可以为身为更有见识的他者的学生提供挑战同伴观点的机会。活动后的讨论环节，教师可以提出探究性问题或对立的观点和概念，以拓展和推动学生更高阶的思维过程。

案例研究

帕特的日记

我们就快达成目标了。改变课堂活动，使其更具互动性，而非总是单方面引领，无疑有助于学生建立事物之间的联系。鼓励他们独立思考，允许他们犯错，让他们在合作的氛围中互相批评，意味着他们正对自己的学习负起更多的责任。我们还有不少事情要做，但学生差不多准备好着手自己的项目了——我在年初从没想过他们可以走到这一步！我不会假装说做到这种程度不费吹灰之力，也不会说我们从没有走进死胡同（在我的计划还不是那么理想的时候，虽没走进很多条死胡同，但一两条是有的），但学生的自信增强了，他们的学术技能和知识也在提升——最重要的是，他们喜欢上了学习。成功！！！

正如帕特在日记里所写的，建构主义教学并不是一个容易的选择。它意味着在教学过程中，师生都要学习新技能，熟悉新角色，承担各自的责任。它要求教师仔细规划，设计目标明确的活动，最主要的是，它需要合作的学习方法。师生都要了解需要什么，并且必须在一个支持的、安全的学习环境中交流。在这样的环境中，挑战和批评被视为双赢的建设性过程，双方都能从中获得成长。这个选择不容易，却对师生都有益。

本章小结

本章我们介绍了建构主义的意义、认知主义和建构主义的区别，以及作为建构主义学习的基础，认知主义教学具有什么样的特征；探讨了在建构主义课堂上，教师和学生应承担的角色和责任，以及他们在改变传统角色的时候可能面对的困难；我们还研究了建构主义理论，探讨了它的主要原则以及如何将这些主要原则引入课堂。

导师时刻

72 建构主义教学并非适合每一个人。与各种教学方法一样，它也需要时间和练习。就像我们在本章开头所说的那样，它对学生大有裨益。它不仅教给学生如何学习，还教会他们作为个体要如何建构新知识和新理解，从而为学习做好准备。思考下面几个问题，与导师讨论。

- 对你的学生来说，建构主义教学的适应度如何？
- 为了使你的教学更具建构主义特征，你会采取哪些措施？
- 你认为建构主义教学对你和你的学生会有什么好处？
- 你认为你的学生会对这样的教学方式做出怎样的反应？

拓展阅读

Beck, C and Kosnik, C (2006) *Innovations in Teacher Education: A Social Constructivist Approach*. New York: State University of New York Press.

Stabile, C and Ershler, J (2015) *Constructivism Reconsidered in the Age of Social Media: New Directions for Teaching and Learning*. New York: Wiley.

参考文献

Ausubel, D P (1960) The use of advance organizers in the learning and retention of meaningful verbal material. *Journal of Educational Psychology,*

51: 267–272.

Bloom, B, Englehart, M D, Furst, E, Hill, W and Krathwohl, D (1956) *Taxonomy of Educational Objectives: The Classification of Educational Goals. Handbook I: Cognitive Domain*. New York, Toronto: Longmans, Green.

Bruner, J S (1960) *The Process of Education.* Cambridge, MA: Harvard University Press.

Bruner, J S (1978) The role of dialogue in language acquisition, in Sinclair, A, Jarvelle, RJ and Levelt, WJM (eds) *The Child's Concept of Language*. New York: Springer-Verlag.

Eysenck, M W and Keane, M T (2005) *Cognitive Psychology: A Student Handbook*. Hove: Psychology Press Ltd.

Hartley, J (1998) *Learning and Studying: A Research Perspective.* London: Routledge.

Hein, G E (1991) 'Constructivist learning theory', The museum and the needs of people. CECA (International Committee of Museum Educators) Conference, Jerusalem. *Israel*, 15–22 October 1991 **www.exploratorium.edu/IFI/resources/constructivistlearning.html**

Knight, R (2015) Postgraduate student teachers' developing conceptions 73
of the place of theory in learning to teach: 'More important to me now than when I started'. *Journal of Education for Teaching*, 41 (2): 145–160.

Knowles, M S, Holton, E F and Swanson, R A (2015) *The Adult Learner* (8th ed). Abingdon: Routledge.

Piaget, J (1936) *Origins of Intelligence in the Child.* London: Routledge and Kegan Paul.

Vygotsky, L S (1978) *Mind in Society: The Development of Higher Psychological Processes.* Cambridge, MA: Harvard University Press.

第 6 章

与他人一起学习

本章我们将探讨：

- 社会学习理论
- 课堂合作
- 共事与教师合作

引言

74 除非我们完全与世隔绝，否则与他人相处就是日常生活的一部分，在课堂上自然也不例外。在大多数学习环境中，以教师为主导的说教式教学已经一去不复返，而合作式学习已经在教育界内外得到了广泛认可。但是，人们对“合作”这个词，以及如何将学习环境转化为合作学习环境，还存在误解：

> 在学校里，我们和睦相处，相互配合，讨论和共享资源；我们并肩工作，互相帮助，彼此支持。我们在委员会、运动队和特别活动中通力合作。我们合作得非常好……不是吗？
>
> ——沙拉特和普兰谢（Sharratt and Planche, 2016）

这段话无疑描述了一个共事的环境，但问题是，“和睦相处”和“彼此支持”就是最有意义的合作形式吗？事实上，在某些情况下，这也许很容易导致人们维持现状，而如果我们要进行有意义的合作，就必须引入挑战。

向他人学习是我们发展过程中很自然的一部分，本章我们将探讨如何向他人学习，以及如何与他人一起学习，包括通过社会模仿、情境学习以及更直接的合作形式（如小组合作）进行的偶发性学习。我们也将探讨教师如何用能够对教学产生积极影响的方式进行合作。

75 本章我们将为大家介绍米莱娜——一位经验丰富的教师。她发现边学习 PGCE[1] 边教学是一个相当大的挑战。米莱娜一直在研究合作式学习方法，将其作为学习的一部分，这也是她想在课堂上更多地运用的方法。

① PGCE 是 Postgraduate Certificate in Education 的缩写，指教育研究生证书，是英国为期一年或两年的高等教育课程，通过培训使毕业生具备成为合格教师的资格。——译者注

社会学习理论
太棒了！
多少……？
控制
自由
你们可以自
由地做研究。
然后
他们……
也许……
经验
反思
实验
抽象概念化
对！
为什么
老师们
不合作？

图 6.1　米莱娜的故事

案例研究

米莱娜的日记

76 在PGCE课程中，我们学习了社会学习理论，以及人们如何通过观察和模仿他人进行学习。显然，通过某种形式的合作，学习能够在更深层次发生……想必我需要在自己的课堂上引入这个理论？在课堂上我可以对自己期待的行为做出示范，我想我可能已经这么做了，因为学生好像深知倾听我说话的重要性……但是怎么才能让学生有效合作呢？麻烦的是，学生没有纪律性，如果我不能掌控课堂的方方面面，他们就会像脱缰的野马。如果说最近几年我学到了什么的话，那就是学生并非天生就有学习动力，我需要认真管理课堂活动，这样才能使他们专注于学习任务。我的课堂总是有条有理，这对教学很有帮助，但也意味着我花太多时间来讲授，而学生仅仅在我提问的时候才能参与其中。他们越来越擅长按我的期望解决问题；给出正确答案是他们的拿手好戏，但我无法确定他们真正学会了多少。我想知道，我是否需要改变方法？这是否意味着我必须减少一些控制？这么做令我感到紧张，但我很想看看到底会不会有效！

社会学习理论

社会学习理论的前提是，与他人互动是我们得到发展的基础。班杜拉（Bandura, 1986）认为，孩子观察周围的人，并根据观察来学习特定的行为。这种社会模仿形式与其他物种的学习方式没什么不同，例如，动物幼崽会很自然地模仿族群里成年动物的行为，并在这一过程中学着融入族群。同样，孩子也非常擅长模仿他们看到的行为，尽管有时我们并不想让他们这么做。班杜拉用“社会模仿”（social modelling）这一术语来描述我们是如何从生活中的特定榜样身上学习的。根据这个理论，我们很容易发现，学习者在课堂上是如何模仿同伴、教师，或复制他们在其他课堂环境中看到的行为的。大多数有经验的教师都能举出许多例子来说明模仿有助于营造积极的学习环境；他们也能举出更多例子来说明模仿不会产生积极的结果。我们很自然地通过观察和模仿他人进行学习，无论学到的东西是积极的还是消极的，因此所有教师都需要注意这一点。教师的职责之一是为学习者树立榜样，因此教师要意识到自己对学生课堂行为的影响。这既包括强化亲社会行为，如尊重他人、倾听不同的观点、轮流发表意见等；也包括尽量减少可能被认为是反社会的行为，如谈论他人、打断别人说话、骂人等。

米莱娜很清楚这一点，因为她已经在设法培养学生这样的观念：在课堂上，倾听是很重要的。虽然她的学生举止得体，但她还是不相信他们真的有学习动力。那么到底哪里出了问题？

从表面来看，教师的主要作用是管理课堂环境，使之孕育亲社会行
为而非反社会行为，示范我们所期待的行为就是一个有用的策略。如果 77
在该层面运用这一理论，它很可能会产生积极的影响，但这也意味着，要想让他人按我们的期待去做，我们只要示范并强化这一行为即可，而无须考虑他们的内在动机或对特定情况的理解。但是，我们只是简单地模仿他人，还是根据我们对特定情况的理解或过去学到的在类似情况下应采取的行为方式来选择我们的行为呢？米莱娜的学生似乎已经认识到，他们要做的是在课堂上倾听，并给出问题的正确答案。在这一过程中，他们也许学到了一些事实，但是他们有机会与新的学习内容互动，并独立弄懂它们吗？

社会学习虽然常被描述为一种依赖于强化和重复的行为主义理论，但也受一些内部因素（如满足感和成就感）影响。它不仅仅是对特定刺

激的反应。在班杜拉看来，强化既可以是内部的，也可以是外部的，因此人们并非简单地模仿他们观察到的所有行为。相反，他认为存在一个调和观察和反应的过程。例如，如果我们正寻求他人的认可，我们也许就会表现出能够得到外部强化的行为，如微笑或拍拍后背。如果这些行为使我们感觉不错（内部过程），我们很可能会重复它们。但是，如果我们并不看重强化，很可能就不会重复这些行为。这样一来，我们就需要通过一个认知过程调节我们的反应，这一过程允许我们考虑并判断对我们有价值的究竟是什么。因此，社会学习理论将思维过程考虑进来，承认它在调节我们对特定情况的反应方面的重要性。

控制与自由之间的平衡

米莱娜害怕的是，放弃对课堂活动的控制会导致课堂杂乱无章，这意味着她不能专注于围绕讲解和提问来组织教学。

讲解是教师工作的一个重要部分，也是学习过程中必不可少的环节，但我们很容易过度依赖它。通过讲解，我们可以将知识和经验传授给学生，但过多讲解是否会对学习产生不利影响呢？在很多课堂上，教师讲授似乎仍然占主导地位。根据利特尔顿等人（Littleton et al., 2005）的研究，70%—90% 的课堂时间被用来讲授而非讨论。而在有关课堂讨论的记录里，克林顿等人（Clinton et al., 2014）发现，89% 的讲话是由教师完成的。

不难理解为什么教师使用讲授作为课堂管理的主要策略，米莱娜也不例外。为了确保将内容讲解清楚，并管理学习活动，她密切控制课堂上发生的一切，这样她才有信心完成自己设定的学习目标。在某种程度上，这是明智的——教师是设计课程的人，也是全面了解预期学习和实现特定目标所需步骤的人，但也有人认为，这样的控制可能会阻碍进步。如果学生的整体学习超越了教师设计的目标会怎样？如果他们分享的例子和观点可以搭建一个更易接受的建构理解的平台呢？米莱娜还应该考虑严密控制所有课堂活动会给学生传递怎样的信息——是教师相信学生会主动学习、行为得体，还是教师认为学生不想学习、胡作非为？ 78

在《学习的自由》（*Freedom to Learn*）一书中，罗杰斯（Rogers, 1969）讨论了在正式学习中控制课堂活动的困难，认为学习应该是一个体验的过程。在这一过程中，学习材料对学习者更有意义。这样，学习者就有机会直面问题、发展解决问题的新技能，从而变得更加独立，懂得如何学习。罗杰斯常被认为是站在教学前沿的思想家，他认为教学是促进而非教导，事实上我们不能直接教任何人，只能为他们提供学习条件（Rogers, 1969）。科尔布（Kolb, 1984）在他的体验式学习四步模型中（见图 6.2）也表达了相似的观点，即认为学习是在体验、反思、建立理解、思考解决方案或改变的过程中发生的。

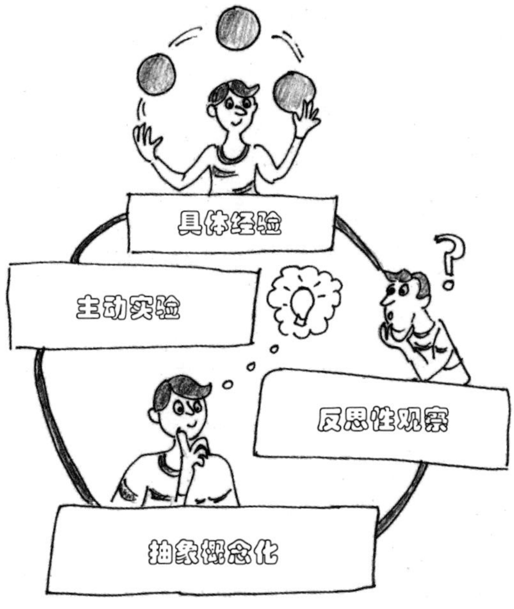

图 6.2　改编自科尔布的体验式学习循环

79 相反，哈蒂认为“直接教学”算得上顶级教学策略，而让学生控制自己的学习所能产生的影响却非常有限（Hattie, online）。阿什曼（Ashman, 2018）也指出，“显性教学”是使教学卓有成效的关键。

课堂合作

根据哈蒂和齐勒（Hattie and Zierer, 2018）的研究，成功的课堂合作可以对学习产生实质性影响，师生都可以从中受益。但是，想让这个策略发挥作用，我们就需要理解合作的过程，更具体地说，需要理解师生在其中扮演的不同角色。

合作学习一般是指两个或两个以上学生共同完成某项任务的主动学习形式，这意味着它可以包括诸多活动。和其他教学方式的主要区别是，合作学习的基础是学生对知识的探索和应用，而非教师的讲解。合作可以采取多种形式。

- **合作学习**（collaborative learning），指学生为了一个共同目标而同心协力，例如回答某个问题。他们的目标是自我管理学习进程，并学会为完成任务而通力合作。
- **协作学习**（co-operative learning），通常是指一种内在相互依存的结构化活动，就像戏剧表演一样，每个学生都有自己特定的角色和责任，但每个人都要依赖他人才能获得整体的成功。
- **竞争**，是创建学习小组的凭借。学生必须同心协力，以确保自己所在小组的成功。

以上每一种合作形式都有自身的优势，可以发展学生的人际交往技能，也可以为他们提供与新知识互动的机会。

一段时间以来，同辈群体学习被视为一种有效的教学法，人们相信它可以促进学习和高阶思维的发展。这种方式的活动也可以鼓励亲社会行为的发展（Gillies et al., 2008），使我们更有效地完成目标。有关社会同步（social synchrony）的研究（Miles et al., 2010; Wheatley et al., 2012）表明，当我们与他人一起朝着共同目标努力时，所产生的能量是可以感知的，并可以创造一种认知、情感和行为上的联系，使我们能够成功地分享思想和感受。这可以从和谐的人际关系所透露的种种迹象中体现出来，例如模仿同伴的肢体语言，同时在减少“工作记忆”（working memory）① 的负荷、提供专注于活动的认知空间上，也具有实际意义（Wheatley et al., 2012）。

开展合作学习，是否就意味着教师不再指导课堂活动或明确教授任何东西了？不是的。相反，教师在促进积极合作上发挥着重要作用。根据布拉奇福德等人（Blatchford et al., 2003）的研究，教师可以采用以下四种方法挖掘合作学习活动的潜力：

1. 思考小组任务的内容，确保其中一些内容是有趣的。 80
2. 为活动搭建脚手架，使小组（和个人）能够以建设性的方式工作。
3. 将学习的控制权交给学生，这样，教师的角色就变为引导者而非指导者。
4. 在清晰介绍和详细询问的基础上认真组织任务，确保学生能理解自己的角色和活动目的。

因此，尽管这种方法的确将更多的责任转移给了学习者，但实际上并没有改变教师在规划和指导学习方面的角色。教师有点儿像乐团的指挥，他们在指导和引领整个演出中发挥着举足轻重的作用。

① 工作记忆是认知心理学的核心理论概念，指的是一种对信息进行暂时加工和贮存的容量有限的记忆系统。——译者注

活动 6.1

你可以采用何种类型的活动来增强课堂合作呢？列一张清单，写下有可能融入教学的任务，然后和你的导师讨论，以便在下一堂课上尝试。

案例研究

米莱娜的日记

我决定放手一搏。我放弃了对课堂的一些控制，鼓励学生合作。我想给他们完全的自由，于是设计了一项研究任务。我很小心，不想过多地控制活动，甚至让他们自行决定研究内容和研究路径。我将学生分成三个小组，让他们自由完成任务——唯一的要求是，他们必须在45分钟内返回教室。

这简直是一场灾难！他们雀跃着飞奔出教室，有的说去图书馆，有的说去信息技术教室，但是当我去找他们，想要为他们提供支持的时候，根本见不到一个人影。随后，系主任跟我抱怨，说他发现我的一些学生躲在厕所里抽烟，其他大部分学生在咖啡馆里嘻嘻哈哈。而那些试图完成任务的学生则做得相当糟糕，根本没有学到任何东西。这让我明白，在活动中给他们任何自由都是不安全的！

小组学习

小组合作为导师提供了一个以非指导性方式引入新学习内容的机会，使学习者得以对新学习进行自己的建构，并有可能培养团队合作、沟通

和组织等方面的技能。它也有助于学习者发展基本的学习技能。维果茨
基认为，语言本身可以促进思考，所以任何能提高读写能力的教学指导 81
策略，在知识建构中都可以发挥重要作用（Vygotsky, 1978）。有充分的证据证明采用协作学习的益处，但就像米莱娜发现的那样，小组活动仍然需要教师的一些指引。学习者可以从一开始就积极参与进来，例如，你可以跟他们协商任务的方方面面，但是通常来说，对任务的范围和目的，你需要给出明确的指导。米莱娜完全放手，没有做任何安排，这很可能导致学生不知道应该做些什么。

约翰逊等人（Johnson and Johnson，1999）提到了两种类型的协作学习：正式协作学习和非正式协作学习。后者是指学生通过合作实现一个共同的学习目标，它可以用来帮助学生将注意力集中于某个话题，设定课堂计划引入的内容，或总结课堂已涉及的内容。而前者是指学生拥有一个共享的学习目标，例如解决问题、展开调查、完成某些任务等。在这种情况下，教师会就如何组织学习、将达成怎样的学习成果做出一系列决定。这通常包括：

- 设定学习目标，例如任务成果或发展特定的社交技能。
- 决定小组的规模和组成方式，包括是否自行选择小组等。
- 解释小组任务以及小组之间积极的相互依存关系。
- 监督学生的学习，在需要的时候进行干预、提供帮助。
- 系统观察和收集每个小组工作情况的数据。
- 评估学生的学习，引导学生思考小组的运作情况。

停一停

成功的课堂合作应具备哪些要素？

案例研究

米莱娜的日记

我似乎经历了一段非同寻常的旅程。我个人的阅读，以及我在 PGCE 课程中学到的内容，使我确信课堂合作的力量，但我没有想到事情会变得这么糟糕！我以为这只是给学生更多自由、少些控制的问题……我真是大错特错。我认识到，跟传统
82 教学相比，这种类型的活动需要做的计划并不少，系统安排小组活动很重要（或许更重要）。当我明白这一点时，结果令人惊叹。学生说他们非常喜欢这些活动，他们提问的次数大大增加，并且真的开始思考自己的答案了。实际上，我非常相信协作学习的力量，所以我建议老师们也这样做。

共事与教师合作

本章开头提到了这样一个观点——“合作”也许是一个被误解的词。通常人们谈到与他人合作时，其实指的是共事的形式，即拥有共同目标的同事彼此协作。前面我们提到的“共享资源”“并肩工作”，指的是共事的工作环境，也可能是创造合作环境的要素。

共事和合作的主要区别在于活动的焦点。同事们在合作时，会有一个明确的目标——共同致力于完成什么。这不仅意味着他们可能以相互扶持的方式并肩工作，也意味着要确保合作能获得有益的结果，就需要面对挑战。

尽管合作可能会带来某些好处，但教师合作不是一种普遍现象。洛尔蒂（Lortie, 1975）将学校描述为“鸡蛋箱”，这个比喻形象地解释了教

师们彼此分隔、独自工作的情况。最近，在继续教育（further education, 简称 FE）[①]领域，这种情况又被称为“筒仓式工作”，描述的是基于学科的教师活动的独立性（Thompson and Wolstencroft, 2018）。看来合作不一定是经常发生的，根据皮尔西（Piercey，2010）的说法，也许在需要合作而非鼓励合作的环境中，或在必须组队来完成任务的情况下，教师才会选择合作。这样一来，合作活动就被强制实施，所以不太可能产生积极的结果。那么我们应该做些什么来激励教师合作呢？

图 6.3　教师合作

停一停

就你的工作环境或实习环境而言，你认为是什么阻碍了教 83
师在项目上进行合作？你对合作有什么看法？有什么事情会阻碍你和同事合作吗？

① 继续教育是英国教育体系中继小学、中学义务教育之后的“第三级教育”，为接受高等教育或者就业打下基础。它分为学业路线和职业路线两种。学业路线着重培养学术研究方面的人才，而职业路线则结合社会职业需要，培养各行各业中具有专门技能和知识的人才。——译者注

弗兰德和库克（Friend and Cook, 1992）认为，有效合作需要六个条件：

1. 拥有共同的目标。
2. 合作活动以自愿关系为基础。
3. 参与者是平等的。
4. 分担参与和决策的责任。
5. 共同对结果负责。
6. 共享资源。

你可以根据你在“停一停”板块的反思，在上面的清单中添加内容。对许多教师来说，时间是合作的最大障碍。实际上，这很可能被视为不参与日常工作要求之外的任何活动的原因，例如参加继续专业发展（continuing professional development，简称 CPD）[①] 活动或参与研究。但是，一些教师确实参与了这些活动，这就说明教师是可以抽出时间做这些事情的。他们之所以能做到，也许是因为管理工作、个人事务和优先事项的方法不同，也许是因为对参与合作活动满怀信心，甚至相信该活动会使每个人都受益。

哈蒂和齐勒（Hattie and Zierer, 2018）认为，成功合作所必需的思维框架和能力是需要学习的。因此想要让学习发生，可能需要在组织或部门层面做进一步考虑，例如思考为什么要建立合作团队以及如何建立的问题。合作需要建立关系，开展合作活动也需要时间，因此，合作被嵌入组织文化时才是最成功的。在教师合作方面，他们总括了以下步骤：

1. 互相讨论。
2. 互相支持和批评。

① 这是指专业人员为发展和提高能力而从事的学习活动。——译者注

3. 共同计划和评估课程。

4. 共同授课。

——哈蒂和齐勒（Hattie and Zierer, 2018, p.35）

这些仅仅聚焦于教师活动（讲课）的一小部分。教师的职责当然比这要广泛得多，所以合作活动也应该包含诸如课程规划、课程开发或研究活动之类的内容。其他合作活动可以采用以下形式： 84

- **同伴观课**——提供观察彼此课堂的机会，将其作为分享和调整观点的一种形式。
- **行动研究项目**——通常包括与专业实践某方面相关的小规模研究活动，为评估和进一步调整方法（如果需要的话）提供数据。
- **阅读小组**——尽管不针对特定项目，但也许会为将来的发展提供灵感。阅读小组是讨论的起点，它可以引发有关未来项目的一系列想法。

不管选择哪种形式的合作活动，重要的是在一个支持和免责的环境中进行。在这样的环境中，活动参与者会完全接受这样一个事实：并非每个项目都能成功。

本章小结

本章我们探讨了在课堂上开展合作学习的益处，以及可以用来促进小组合作的策略，也讨论了教师合作的重要方面，这一点常被忽视。

导师时刻

这里我们提供了讨论的起点，以便你与导师交流本章内容。

提出这些问题的目的是帮助你理解本章所提概念，思考这些概念将以何种方式影响你的教学。

- 在课堂上引入合作学习的潜在益处是什么？
- 潜在障碍又是什么？
- 何种类型的活动适合你的学生？
- 你会采用何种方式与同事合作？

拓展阅读

Gillies, R M, Ashman, A F, and Terwell, J (2008) *The Teacher's Role in Implementing Co-operative Learning in the Classroom*. New York: Springer.

Hattie, J and Zierer, K (2018) *10 Mindframes for Visible Learning: Teaching for Success*. Abingdon: Routledge.

参考文献

85 **Ashman, G** (2018) *The Truth about Teaching: An Evidence-Informed Guide for New Teachers*. London: SAGE.

Bandura, A (1986) The explanatory and predictive scope of self-efficacy theory. *Journal of Clinical and Social Psychology*, 4 (3): 359–373.

Blatchford, P, Kutnick, P, Baines, E, and Galton, M (2003) Toward a social pedagogy of classroom group work. *International Journal of Educational Research*, 39 (1–2): 153–172.

Clinton, J, Cairns, K, Mclaren, P and Simpson, S (2014) Evaluation of the Victorian Deaf Education Institute Real-Time Captioning Pilot Program, Final Report, August 2014, The University of Melbourne: Centre for Program

Evaluation.

Friend, M and Cook, L (1992) *Interactions: Collaboration Skills for School Professionals*. New York: Longman.

Gillies, R M, Ashman, A F, and Terwell, J (2008) *The Teacher's Role in Implementing Co-operative Learning in the Classroom*. New York: Springer.

Hattie, J (online) High impact strategies for teachers. Available at **www. teacherstoolbox. co.uk/T_effect_sizes.html** (Accessed 6 March 2019).

Hattie, J and Zierer, K (2018) *10 Mindframes for Visible Learning: Teaching for Success*. Abingdon: Routledge.

Johnson, D W and Johnson, R T (1999) Making cooperative learning work. *Theory into Practice*, 38 (2): 67–73.

Kolb, D A (1984) *Experiential Learning: Experience as a Source of Learning and Development*. Eaglewood Cliffs, NJ: Prentice Hall.

Littleton, K, Mercer, N, Dawes, L, Wegerif, R, Rowe, D and Sams, C (2005) Talking and thinking together at Key Stage 1. *Early Years*, 25 (2): 167–182.

Lortie, D C (1975) *Schoolteacher: A Sociological Study*. Chicago, IL: University of Chicago Press.

Miles, L K, Nind, L K, Henderson, Z and Macrae, C N (2010) Moving memories: behavioural synchrony and memory for self and others. *Journal of Experimental Social Psychology*, 46 (2): 457–460.

Piercey, D (2010) Why don't teachers collaborate? A leadership conundrum. Available at **https://bettereducate.com/uploads/file/40949_CollaborationTime_40665Why DontTeachersCollaborateALeadershipConundrumWhyDontTeachersCollaborate.pdf** (Accessed 3 March 2019).

Rogers, C (1969) *Freedom to Learn: A View of What Education Might Become*. Ohio: C. E. Merrill Publishing Company.

Sharratt, L D and Planche, B M (2016) *Leading Collaborative Learning: Empowering Excellence*. London: SAGE.

Thompson, C and Wolstencroft, P (2018) No more superheroes-only Avatars?-survival role play in English post compulsory education, in Merrill,
86 B, Galimberti, A, Nizinska, A and González-Monteagudo, J (eds) *Continuity and Discontinuity in Learning Careers, Potentials for a Learning Space in a Changing World*. Leiden, The Netherlands/Boston, MA: Brill, Sense.

Vygotsky, L S (1978) *Mind in Society: The Development of Higher Psychological Processes*. Cambridge, MA: Harvard University Press.

Wheatley, T, Kang, O, Parkinson, C and Looser, C E (2012) From mind perception to mental connection: synchrony as a mechanism for social understanding. *Social and Personality Psychology Compass*, 6 (8): 589–606.

第 7 章

共建学习

本章我们将探讨：

- 人本主义是什么意思
- 人本主义教学的原则是什么
- 人本主义与其他理论有怎样的关联
- 与人本主义有联系的一些理论
- 如何将人本主义应用于课堂

引言

87 在教学领域，人本主义可能算得上应用最广泛却又最不被理解的一种理论。人本主义理论兴起于 20 世纪 60 年代，在应用于教学时颇有争议。它的基本原则是将学生牢牢置于学习进程的中心，因此受到一些教师的喜欢；有些教师则认为它哗众取宠，与课堂实践毫无关联。但是，所有教师在某种程度上可以说都是人本主义者，因为大多数教师进入这一行业时都希望以某种方式充分开发学生的潜能。许多教师的期望并不局限于帮助学生理解学习主题，他们还想用其他方式帮助学生成长，支持学生成为全面发展的人，成为对社会有用的人。在某些方面，人本主义在教学中的作用可以总结为：确保学生不仅能获得成功所需的工具（知识和技能），而且能获得理解自我的工具，使自己有能力走向成功。

本章我们将介绍博比。她是一位很有热情的教师，曾经是一名设计工程师，现在在一所坐落于市中心的中学教数学。这所学校相当传统，有着不同文化背景的学生群体。博比所教的学生，年龄从 11 岁到 18 岁不等。

案例研究

博比的日记（一则）

午餐的时候，我们在教师休息室里展开了一场相当有趣的讨论。学校辅导员认为，教师有把每个学生培养成人的道德责任；但是一些教师认为，自己的职责主要是让每个学生都通过考试。我觉得他们说的都有些道理！辅导员一直在强调人本主义和人本主义教学，我想我应该了解一下，看看自己会有什么样的想法。

试一试人本主义方法。
那是什么？
??
安全
评估
学习
原则
我来掌控。
感受很重要。
你怎样使你的学习差异化？
你们可以用代币来……
活动 1
活动 2
活动 3
哪一个最好？
??
这与改变态度有关？

图 7.1　博比的故事　　88

案例研究

博比的日记（二则）

89 我翻了翻教材，在我看来，人本主义教学隐含着这样五条原则：

1. 人本主义教育者认为，学生在一个他们感觉安全的环境中学得最好。当学生感到安心的时候，他们学起来更容易，学习对个体来说也更有意义。
2. 人本主义者认为，在教育方面，教育者和教育系统本身的主要责任是：培养个体的求知欲，教学生学习的方法，同时激发学生独立学习的渴望。
3. 人本主义者相信，学习应该是自我导向的——个体不应仅对自己的学习负责，还应对选择什么学习内容、如何学习以及如何表达自己的理解负责。
4. 人本主义教育认为，除了在意义生成中获得知识和技能外，学生的感受在学习过程中也发挥着重要作用。尽管大多数传统教育实践更倾向于将认知领域和情感领域分开，但是人本主义教育试图将二者联系起来。
5. 人本主义者相信，个体能够评估自我的学习价值和效用，而唯一真正有价值的评估形式，就是个体实施的自我评估。

现在我应该做的，就是将它们应用于我的专业实践。营造一个安全的学习环境是十分必要的，其他几点也值得尝试。我需要逐一研究，看看怎样将它们应用于我的课堂。那就先从第一点——营造安全的环境开始吧。

安全的环境

从“营造一个安全的学习环境是十分必要的”这句话可以看出，博比对马斯洛和他的需求层次理论（Maslow, 1954）是比较熟悉的。马斯洛认为，在学生自我实现之前，他们的一系列需求必须得到满足。博比指出，现在的学校和教师往往想方设法确保学生基本的生理需求、安全 90
需求和情感/归属需求（缺失需求）得到满足。博比所在的学校，通过校规和实践来确保学生可以按时休息，吃零食，在一个友好安全的具有包容性的环境中学习，并确保每个人都能参与所有学习活动。但是，当博比在校规中寻求促进上面两层需求的指导时，发现只有笼统的使命陈述。博比由此得出结论：顶层的两个要素——自我尊重需求和自我实现需求（成长需求）——是需要教师考虑和运用的，而不是机构能够规定的。（顺便说一句，你在研究中也许会发现更复杂的需求层次模型，这是因为马斯洛和后来的理论研究者们在金字塔中又加入了几个层次。）

在探索“成长需求”这个概念的过程中，博比对卡尔·罗杰斯的研究特别感兴趣。罗杰斯（Rogers, 1959）主张，人类都有一种与生俱来的渴望，即充分发挥潜力，成为“全人”（fully functioning person）——用马斯洛的话说就是“自我实现”。罗杰斯认为，要想成为一个“全人”，个体必须树立积极的自我形象，这个形象源于个体的自我价值感（或自尊感）与他人对自己的积极认知和重视之间的一致性。要想在任何教育环境中促进发展，学习环境必须是积极的、有建设性的，但要确保学生感到被重视、被尊重，能够在个人和学术层面都获得成长，学习环境就需要具备罗杰斯提出的三个关键因素：

1. 同理心（学生知道教师和同伴正在聆听、理解他们的观点与想法）。
2. 接纳（无论学生是什么样的人，都会被接受而不会被评判）——罗杰斯称之为“无条件积极关注”（unconditional positive regard），但是我们现在可能会称之为“无条件尊重”（unconditional respect）。

3. 真诚（学生感到自己可以向教师和同伴敞开心扉，表达自己的观点、感受和信念）。

如果课堂具备这三个要素，学生就会感到安全，因为他们知道自己是可以尝试新事物的，即便犯了错，从同伴和教师那里获得的尊重也不会消失。

停一停

想一想罗杰斯提炼的这三个关键因素。你认为博比应该如何将这几个因素引入课堂？考虑一下自己的教学——作为教师，你要如何将它们融入你的专业实践？

对有时比较难管的年龄小的孩子，博比决定尝试一些新的教学技巧。博比做的其中一件事是给每个学生五个代币。学生如果想在课堂讨论中
91 发言或回答教师的问题，就必须交出一个代币。一旦花光代币，他们就不能再发言了。博比还强调，学生在发言的时候，其他同学应该保持安静。如果他们想质疑同学的发言，就必须给出原因或提供能够支持自己观点的证据，而非仅仅陈述自己的立场。通过这样的练习，博比能够确保每一个学生都知道自己的答案或观点正在被同伴倾听，也知道对发言者及其观点仓促做出判断是不被鼓励的。采用这个方法后，博比发现，学生之间的互动更加积极了，不太自信的学生也更能充分地参与课堂活动了。

案例研究

博比的日记

这个办法还不错——虽说学生花了一些时间才找到窍门，但是他们更了解彼此，知道怎样更积极地互动，也开始更尊重他人了。但是我发现，这个办法只在学生感兴趣的时候才奏效，也许我应该把激励我的学生定为新年目标。

培养求知欲

激励和鼓舞学生学习是人本主义教学传统的重要组成部分，第 4 章我们已经做了深入探讨。但是，激励是一种个人现象，可能它虽然唤起了一名学生的兴趣，却不能对另一名学生产生相同的影响。示范意义建构的方式，参与有助于将新知识融入现有图式的具有互动性、包容性的活动（Piaget, 1936），运用建构主义教学方法构建新图式（参见第 5 章）等，都是激励学生的常用方法。尽管诺尔斯等人（Knowles et al.，2005）主要研究成人教育，但他们认为，学生如果能够专注于那些他们认为与近期或未来需要有关的主题，受到激励的可能性就更大。

活动 7.1

让我们回到第 4 章，回想动机理论是如何被应用于课堂的。思考上面提到的最后一点——学生如果能够专注于那些他们认为与近期或未来需要有关的主题，受到激励的可能性就更大。

- 你认为博比应该怎样在数学教学中运用这一点？

- 作为一名教师，你如何将激励学生的这些方法融入专业实践？

停一停

92 学生如果能够专注于那些他们认为与近期或未来需要有关的事情，就可能被激励。你认为博比怎样做才能使数学更贴近学生近期或未来的需要？为了使你的课堂与学生的需要联系得更紧密，你会怎么做？

博比决定试着让数学理论更贴近学生，但很快她就意识到，需要根据不同的学生群体来调整激励方式。年龄小一些的孩子正在学习如何计算不同形状的体积，博比决定先让他们测量空饮料罐，然后教他们将测量值代入公式，以此计算出圆柱体的体积。为了进一步激励学生，博比还用不同饮料的空罐子教学生计算哪一种饮料的性价比最高。而对正在备考的大一些的学生，博比决定利用每节课的最后10分钟进行复习，确保学生熟悉考试可能会涉及的公式和练习。通过对不同的学生群体采用不同的方法，博比确保了激励因素符合学生的需要。

案例研究

博比的日记

说到动机，就像在说“马有马道”[①]。如果学生能够看到做某

① 英谚“Horses for courses”表示人们应该根据自己的经验、优势或技能来选择工作或角色。——译者注

件事的意义，他们就会更感兴趣；如果学生能够看到知识的实际应用，他们就能更轻松地学习。再接再厉吧！不过，人本主义理论还有一点令我困惑——对一些学生来说，自我导向学习（self-directed learning）也许比看起来更棘手。

自我导向学习

诺尔斯等人认为，吸引个人兴趣可以引发动机，坎迪（Candy，1991）的自我导向学习理论与之密切相关。坎迪认为，学习是个体层面的独立追求，而非建构主义所倡导的合作过程的产物（参见第 5 章）。他认为，为了有效地学习，学生需要行使自主权（尽管自主程度会因个体现有知识水平和环境的变化而有所不同），进行自我管理，不仅要能控制学习主题的选择，还要能控制学习的方式。随着数字时代的到来，自我导向学习变得越来越重要。现在学生通过互联网就可以轻松地独立开展 93
研究和寻找信息，这极大地增加了他们发展个人兴趣的机会。

停一停

正如坎迪说的那样，个体、环境以及现有知识水平不同，个人学习的自主程度也就不同。博比所教学生年龄不同，成熟度和动机也非常多样化。你认为她在学生身上运用这一理论是否可行？想想自己的课堂——你认为怎样才能赋予学生恰当的学习自主权？

学生的学习自主性各不相同。你认为博比可以采取什么方法提高学生的自主性？在你的专业实践中，怎样做才能使学生成为更自主的学习者？

博比决定采用差异化方法赋予学生自主权。对年龄小的学生，她侧重提供有限的选项，让他们在两三种不同的学习方式中选择。虽然学习方式不同，但最终指向的学习目标是一致的。她将其命名为“引导式选择”——学生感到自己拥有一定的自主权，似乎能掌控自己的学习，因此更乐于参与。对大一些的学生，博比决定设计一些项目，先让学生独立完成，再跟小组成员一起讨论。这让学生感到，他们不仅能够掌控学习主题，也能够控制获取和分享信息的方式。

案例研究

博比的日记

“引导式选择”对小一些的学生来说，效果似乎不错，但没我想象的那么好。他们好像花费了太长时间做选择——或许我需要想一想这些选项本身，让选择的范围更小一些、目标更明确一些。对大一些的学生来说，让他们认可自己的学习方式是非常有效的——他们更有动力，并且研究搜集到的多样化信息对交流讨论有很大的作用。但是我注意到，一些学生并不喜欢这种方式，他们希望自己在学习中能够得到更多的指导。我需要在教学中考虑这一点。

感受和情绪的重要性

94 从这则日记中我们可以看出，博比似乎遇到了本章第二则日记中提到的第四点——在人本主义教学中，需要考虑学生的感受和情绪。大多数学习理论都聚焦于学习的认知方面，特别强调学习的实用性和过程。

但是，罗杰斯（Rogers, 1959）等人本主义者将教育视为旨在促进人的全面发展的整体过程，而非仅仅关注个体的智力，并强调情感对学生认知的影响。

自20世纪90年代早期萨洛维和迈耶（Salovey and Mayer）创造了“情绪智力”（emotional intelligence，简称EI）这个术语以来，人们对管理学生对学习的情绪反应越来越感兴趣。情绪智力最初被（相对）简单地视为允许个体认识和控制自己的感受、情绪，并识别他人情绪反应的认知过程。通过识别他人的情绪反应，人们能够据此指导自己对人、对情境做出反应。戈尔曼（Goleman, 1996）拓展了情绪智力的概念，除了单纯的心理反应外，还将个体对情绪的社会反应包括进来。他认为情绪智力由五个相互联系的要素构成：自我意识、自我调节、内在动机、同理心和社交技能。他认为，通过理解（自我意识）、控制自己的情绪（自我调节），以及对他人做出恰当的反应（共情），个体能够更成功地管理人际关系（社交技能），最终实现他们的个人目标和社会目标（内在动机）。

考虑学生的感受和情绪，很可能是人本主义最“不切实际”的方面。我们大多数人天生就具有“阅读”他人情绪状态并据此做出反应的能力。感受到威胁的学生很可能采取消极的行为模式，但是人本主义教学方法可以帮助学生思考自己的消极反应。高情商课堂很可能是一个具有建设性的、快乐的教学环境。但是，面对一个情感脆弱的学生，教师很容易纠结于是要与该生成为朋友，支持该生，还是要与该生保持专业距离。对此，情商高的教师必须保持清醒的认识。

停一停

就像我们前面提到的那样，博比教的是不同年龄、不同成熟度的学生。你认为对年龄小的学生，博比怎样才能让他们在课堂上更具情商？为此又该采取哪些措施？

博比决定试着为年龄较小的学生开发情商课堂，一种方法就是让他们参与制定管理课堂行为的规则。通过尊重学生的观点和感受，博比为
95 学生赋能，使他们感受到自己是有价值的、被欣赏的。后来，博比决定在此基础上让学生有限度地参与决定自己的学习方式，选择以小组或个人为单位完成任务，以实现特定目标，并以此作为学习过程的一个组成部分。对年龄大一些的学生，考虑到学生在学习方式上的偏好（小组、结对、个人、使用信息技术、在图书馆里学习等），博比引入了具有挑战性的、目标明确的、基于研究的活动，并与个人和小组讨论活动成果，以此提高学生的学习自主性。博比引导学生探索组织这些活动的原因，帮助学生识别他们对所学内容的感受，以及学习是如何与他们现有的理解、观点和信念相适应的，由此认可了他们的成熟，使他们感到自己有价值、被尊重。

案例研究

博比的日记

看起来这对所有学生群体都很有效，尤其受到了年龄大一些的学生的欢迎。有时候，年龄小一点儿的学生似乎花了更多时间决定如何学习，留给实际学习的时间却很少，而且我有点儿担心他们有时只记住了活动本身，却忘记了活动目的。我得想办法让他们理解为什么这么做和应该学习什么，而不仅仅是玩得开心。

评估学习

博比觉得学生有时会记住学习活动本身而非活动目的，这一点非常正确。在研究人本主义理论（很可能是最重要的理论之一）时，博比认识到的重要一点是有必要进行学习评估。人们通常认为学习是能够测评的，但是，人本主义理论认为，还需要考虑非正式的、无意的、非结构化的学习，这些是个人发展为“全人”的一部分（Rogers，1959）。与认知领域的学习不同，情感领域的学习被视为理所当然，甚至学生根本意识不到它的存在。为了使学生认识到学习已经发生，就需要积极的、有针对性的反思（可能由教师发起）。第 1 章我们讨论过教师运用的反思性实践模型（Schön，1974 in Smith, 2011, and Ullmann 2015），但反思也是学生学习进程中不可或缺的一部分。

从表面来看，反思模型常常以回答三个直截了当的问题为基础：“是什么？”“那么又如何？”“现在怎么样？”在回答“是什么”的问题时，学生需要识别在某种情况下发生的可感知的方面：他们尝试达成的目标是
什么？他人的反应是什么？这种情况会导致怎样的结果？在分析“那么 96
又如何”这个阶段，学生面临的挑战是思考所学内容：学到了什么？当时的想法和感受是什么？是否可以将其他知识引入这种情境？对曾经历的情境是否有新的或不同的理解？对“现在怎么样”，学生需要思考改变：要想改善这种情境需要做什么？为了取得进一步的成功，还需要考虑哪些更广泛的问题？未来可以采取哪些不一样的行动？这些行动可能产生怎样的影响？

吉布斯（Gibbs, 1988）曾提出了一个著名理论——反思循环（reflective cycles），学生可以用它来识别情感领域非正式的偶发性学习。它拓展了“是什么，那么又如何，现在怎么样”的模型，让使用者在个人层面评估学习的相关性和重要性。正如博比在日记中提到的那样，“人本主义者相信，个体能够评估自我的学习价值和效用，而唯一真正有价

值的评估形式，就是个体实施的自我评估”。

活动 7.2

并非所有学生都认为反思是容易的。一直以来，我们都在教学生将学习与记忆事实、概念和观点联系起来。然而除了事实、理论和概念，个人发展和成长的理念也可以作为课堂实践的一部分来学习，而这对学生来说有些陌生。为了拓宽学生对学习的认识，博比还可以做些什么？写下你的看法。你认为对不同年龄的学生群体需要采用不同的教学技巧吗？你会怎样鼓励自己的学生进行反思？

博比认为，向年龄小的学生教授反思性实践，不仅有助于他们建立与先前学习的联系，也能够帮助他们在面对新信息或新知识时进行意义建构，于是博比决定在下课前安排一场完整的课堂讨论。博比鼓励所有学生参与讨论，说出自己对所学内容的看法。在讨论过程中，博比通过提出一系列富有挑战性的问题来鼓励学生打开思维，思考课程和学习，并观察他们态度、观点和信念的细微变化。博比发现，正如预期的那样，年龄大的孩子更善于反思自己的学习，尽管他们仍倾向于关注学习的主题而非更广泛的方面，有时他们的看法似乎比年龄小一点儿的学生更难改变。当这种情况发生时，博比会鼓励个体或小组（视情况而定）讨论同伴的看法，必要时还会用常见的问题或评论引导讨论。在课堂上，博比让学生与他人一起反思、讨论和互动，鼓励学生批判性地审视他们先前对某一主题的解释和假设，从而发现新的意义和理解。

案例研究

博比的日记

事实证明，在教学中引入人本主义是一个有意思的尝试。 97
虽说它不总是有效——一些学生仍然只想关注学习主题，但小一点儿的学生正在掌握窍门，而且我发现，他们在课堂上的行为和态度有了很大的转变。大一点儿的学生则有些抗拒——很可能是因为他们从没有接触过这样的教法（这是一所相当传统的学校！），但他们彼此之间的交流越来越多，更愿意挑战同伴的看法和发现，也乐于接受别人对他们的想法和观点的挑战。这都是必须经历的成长过程！

博比发现了学生看法的转变，麦基罗（Mezirow, 2000）将其描述为“转化学习”（transformative learning）。麦基罗认为，学习是一个整体过程，关涉个人内在价值观和信念的变化，而这种变化是由引入四个主要因素带来的。

1. 无所适从的困境（博比在教学中提出的挑战个体假设和价值观的活动和问题）。
2. 批判性反思（通过反思质疑最初的假设）。
3. 理性对话（讨论并在非威胁性环境中接受同伴与教师对自己观点和信念的质疑）。
4. 行动（个体在完善或精心构建现有参照系过程中采取的行动）。

为了完整起见，我还要说一说巴西哲学家保罗·弗莱雷（Paulo Freire）的观点。他将自己的教育观点描述为“解放教育学”（liberation pedagogy），它拓展了人本主义教育理论，并引入了通常与正规教育没什么联系的政治视角。在弗莱雷看来，教育是个体进行政治和社会变革的一种工具。

> 教育要么是一种用于……实现教化的工具，要么是自由的实践……（教育成为）……（学生）借以……批判性地看待现实，并发现如何参与变革世界的手段。
>
> ——弗莱雷（Freire, 2007, p.34）

在弗莱雷看来，社会塑造了学生看待自己和世界的方式，而教育允许学生对此进行观察、理解和挑战。通过理解和反思，学生应能认识到如何做出改变。

停一停

98 你同意弗莱雷的观点吗？

本章小结

本章我们探讨了什么是人本主义，以及这个有争议的理论如何与其他更传统的教育理论相适应；研究了人本主义教学的五大原则，以及如何将它们融入课堂实践；也讨论了与人本主义有关的一些主要理论家，以及他们之间的联系和区别。

导师时刻

作为一种教育理论，人本主义是有争议的，尽管可以说所有希望充分发掘学生潜力的教师都有人本主义倾向。想一想下面的问题，并与你的导师讨论。

- 人本主义教学是否适合你的学生？
- 你可以采用哪些措施在教学中融入人本主义？
- 你认为人本主义教学对你和学生有什么益处？
- 用这种方式教学，你认为学生会有怎样的反应？

拓展阅读

Knowles, M S, Holton, E F and Swanson, R A (2005) *The Adult Learner* (8th ed). Abingdon: Routledge.

Smith, M K (2011) Donald Schön: Learning, reflection and change. *The Encyclopedia of Informal Education*. Available at **www.infed.org/thinkers/et-schon.htm** (Accessed 28 February 2019).

参考文献

Candy, P C (1991) *Self-Direction for Lifelong Learning*. San Francisco, CA: Jossey-Bass.

Freire, P (2007) *Pedagogy of the Oppressed*. New York: Continuum.

Gibbs, G (1988) *Learning by Doing: A Guide to Teaching and Learning Methods*. Oxford: Further Education Unit, Oxford Polytechnic.

Goleman, D (1996) *Emotional Intelligence: Why It Can Matter More than* 99
IQ. London: Bloomsbury.

Knowles, M S, Holton, E F and Swanson, R A (2005) *The Adult Learner* (8th ed). Abingdon: Routledge.

Maslow, A H (1954) *Motivation and Personality*. New York: Harper & Row.

Mezirow, J (2000) *Learning as Transformation: Critical Perspectives on* *a Theory in Progress*. San Francisco, CA: Jossey-Bass.

Piaget, J (1936) *Origins of Intelligence in the Child*. London: Routledge & Kegan Paul.

Rogers, C (1959) A theory of therapy, personality and interpersonal relationships as developed in the client-centered framework, in Koch, S (ed) *Psychology: A Study of a Science. Volume 3: Formulations of the Person and the Social Context*. New York: McGraw Hill.

Salovey, P and Mayer, J D (1990) Emotional intelligence. *Imagination, Cognition, and Personality*, 9 (3): 185–211.

Smith, M K (2011) Donald Schön: learning, reflection and change. *The Encyclopedia of Informal Education*. Available at **www.infed.org/thinkers/et-schon.htm** (Accessed 28 February 2019).

Ullmann, T D (2015) 'Automated detection of reflection in texts: a machine learning based approach (PhD thesis)'. The Open University, Milton Keynes [online]. Available at **https://pdfs.semantic-scholar.org/d5f2/e9966dd73cba5312380aef89ec9f571239ab.pdf**

第 8 章

融会贯通

本章我们将探讨：

- 融会贯通是什么意思
- 整合各种理论以满足学生的需求
- 将各种要素凝聚为一个整体
- 在课堂上整合各种理论以改进教学

引言

100 俗话说得好，“一燕不成夏”[1]，只在课堂上应用一种理论通常不利于教学。学生都是独特的个体，他们有各自的需求、期望、天赋和能力，更不用说有各自的意义建构方式、学习风格（如果有的话，参见第1章）和学习动机。当面对多达30个学生的班级时，教学就变成一个复杂的过程，这必定会对教师提出较高的要求。遗憾的是，课堂上没有什么一劳永逸的事情。在设计学习目标和活动时，教师费尽心思运用理论，在一组学生中效果相当不错，可在另一组学生身上却完全不起作用。为了使学习真正发生，教师就要迅速调整教学计划。

将学生不同的需求和能力考虑进来，确保他们都能参与学习进程，并不是一件容易的事。就像我们大多数教师在教学生涯早期就发现的那样，没有什么是放之四海而皆准的。虽然我们开展了特定的活动，使用了特定的教学方法，但不是每一个学生都能实现学习目标。正如我们需要区分我们在课堂实践中使用的教学方法和开展的活动，以便满足学生的需求，帮助他们更高效地学习一样，我们也需要区分在做计划、教授知识和评估教学的过程中所运用的学习理论。

101 本章的引言暗含两个非常重要的概念——包容和差异化。教师常常被告知，必须因材施教，以确保学生都能参与学习并充分运用课程。但是，这给教师提出了一个看似不可能完成的任务——满足各不相同的学生的个性化需求。尽管包容和差异化在教师的理论原则中可能是用得最滥的、最令人困惑的两个概念，但是了解如何将它们应用于课堂实践，在教学过程中仍然具有至关重要的地位。教师从不同的理论中汲取要素，将它们整合成一种策略，将有助于满足学生的个性化需求。

① 这是一句西方谚语，意即个别燕子飞来，并不证明春天就已来临。形容虽发生了好事，但并不一定会继续好下去，不能仅凭个别现象草率判断。——译者注

本章我们将介绍凯西——一位年轻的英语教师和人文教师。他刚从一所专门从事职业教育的学院来到一所六年制中学，这所中学的学生需要通过 BTEC 和 A 级资格认证。凯西将教授英语 A 级和 BTEC 人文学科，还需要做一群学生的生活辅导员，这一切对他来说都很陌生。

案例研究

凯西的日记

新学期，新学校，新课程。今天刚刚给我的新人文班上完第三堂课。看起来，这个班像个“大杂烩”，但是先前教过这个班的一些教师提醒我小心其中一两个人，这对我可能很有帮助。这些学生仅有的共同点是，奋斗目标相同——获得资格认证，年龄差不多（但是就目前我看到的行为而言，他们的成熟度并不相同），都被塞进了同一个班。我要面对的问题似乎是，他们的目标相同，但水平不同。更复杂的是，一些学生是从其他学校转过来的，他们以前接受教育的方式各不相同，所以对教学的期望也不同。我明白所有班级都是由千差万别的学生构成的，但我的这些学生似乎比我想象的还要复杂。

同事告诉我，有几个学生“阅读速度慢”；有一个学生不愿跟同学互动；有一个学生“非常聪明，但没法集中注意力”，只要一有空闲就开始捣乱；还有几个“相当懒惰”。除了同事的提醒之外，有一些学生还需要某种形式的额外支持，但又不符合 EHCP[①] 的正式支持条件。总体说来，这群学生还不错，只是太

① EHCP 是 Education, Health and Care Plan 的缩写，指教育、健康和护理计划。在英国，一些有特殊教育需要的孩子如果需要比主流学校、学院或托儿所通常提供的特殊教育支持水平更多的帮助，就可以通过该计划获得支持。——译者注

吵闹了，一些人只想闲聊，我做什么都不管用。我想，从很多方面来说，这只是一个由十六七岁学生组成的正常群体，但是我确实需要找到一种拓展教学的方法，以便他们都能够有效地学习。

图 8.1　凯西的故事

活动 8.1

读了这则描述班级情况的日记后，请列出你认为凯西在教这群学生时必须克服的主要困难。

你可能会发现凯西面对的一些困难： 103

- 学生获得资格认证的目标是一致的，但是他们入学时的水平却各不相同。
- 学生具有不同的经历，对教学的期待各不相同。
- 有的学生由于行为问题需要额外的支持，有的学生有读写困难，有的学生则不能集中注意力，等等。
- 一些学生被教师认为“懒惰”。
- 吵闹的学生不把注意力放在教师身上。

你也许从这则日记中发现了其他问题，你可能会想，这是相当正常的一群学生啊。实际上，你也许教过相似的一群学生。但是，日记中提到凯西听取了许多同事对这群学生的意见。虽然其他教师的意见可能非常有价值，但如果凯西以前没教过这些学生，那么全盘采纳其他教师的意见也可能是有害的，因为这样就容易形成先入为主的偏见。贝克尔在他关于标签理论（labelling theory）的讨论中认为，群体和个体*通过制定规则创造越轨行为，违反规则就会导致越轨行为*（Becker, 1973, p.9）。在课堂上，被贴上“懒惰”“调皮捣蛋”或“阅读速度慢”等标签的学生，也许只是不符合某位教师的期望。然而正如戈夫曼（Goffman, 1963）所说，学生一旦被贴上标签，这个标签也许在上学期间会一直跟着他们，他们也许就会受到其他人（教师和同伴）的歧视，这些人只看到标签而看不到本人。接纳这样的标签，不仅会严重影响学生自我形象（Rogers, 1959）和课堂行为的发展，还会影响同伴对该生的行为，以及学习的进程。

凝心聚力

正如凯西在日记中所指出的那样，这个新群体中的学生非常多样化，其中一些学生无疑将面对新的环境，且尚未与同伴建立起个人联系。更复杂的是，许多来自其他学校的学生很可能对课程、教学和教师抱有不同的期待。为了打造有凝聚力的群体，凯西可能首先要考虑运用人本主义传统中的一些方法。凯西也许可以开展一些活动，让学生体验马斯洛（Maslow, 1943）需求层次理论中的两个较低层次——安全需求和归属需求。说到安全，凯西可以鼓励全班学生参与制定他们自己的行为规范，这样做不仅可以使学生意识到什么是可接受的，什么是不可接受的，而且更可能信服他们参与开发的规则。凯西可以让学生明白，教室是一个情感安全的环境，他们在这里表达意见或讨论主题时可以冒险，但也应该明确，他们的观点可能会受到其他同学的挑战。为了增强归属感，避免一些学生（尤其是那些有特殊教育需求的学生或残疾学生）遭受潜在的“隔离”（Dyson, 2001），凯西应选择利用小组活动鼓励互动和融合。
104 但是，正如塔克曼（Tuckman, 1965）指出的那样，分组需要时间（也许会乱作一团），所以凯西应选择设计或精心安排班级小组（Mills and Alexander, 2013）。在设计的过程中，凯西也许可以选择贝尔宾（Belbin, 2004）倡导的团队角色方法，通过角色的组合来满足小组或学生个体的需求。

凯西在努力为学生营造智力安全的氛围时，可能需要考虑取自不同理论流派的其他做法。例如，奥苏贝尔（Ausubel, 1960）提出的“先行组织者”理论，就来自建构主义流派，该理论认为可以事先告知学生计划学习的内容和安排。在运用该理论时，凯西可以为学生设定符合

SMART 原则的、差异化的、可测量的目标（参见第 3 章），从行为主义理论中汲取要素，以便所有学生都相信自己能在课堂上取得成功，并从课程一开始就能够感受到自己融入了学习进程。

包容和差异化

案例研究

凯西的日记

今天我们在人文课堂上接触了“贫困”这一概念，尽管我精心设计了教案，但实际情况并没完全按照我预想的进行。下课时，有些学生理解了，但有些学生似乎一头雾水。问题可能在于，一些学生（而非全部）已经上过 GCSE[①] 或 BTEC 课程，有关于这个主题的预备知识，但他们对概念的理解各不相同且参差不齐。那些已经知道“贫困”这一概念的学生很快就厌烦了，开始聊起天来（又是这样！），而之前没有接触过这个概念的学生似乎直接放弃了。接受任何理论概念对学生来说是困难的，但是他们都需要理解这些主要概念。

① GCSE 为 General Certificate of Secondary Education 的缩写，指英国普通中等教育证书。大多数英国学生从九年级或十年级开始，需要用两到三年的时间学习 8—12 门课程。考试通过后，方可获得 GCSE 证书。在英国，学完 GCSE 的学生就结束了义务教育的学习。如果选择上大学，会继续读 A 级；如果选择去技术类院校学习，毕业后则会在相应岗位就业。——译者注

停一停

你认为凯西怎么做才能让学生积极参与学习进程？

建立学习的基础

在第 3 章，我们讨论了支撑教学大纲开发和个人教案制定的过程及理论，还强调了夯实知识基础的重要性。由此，学生得以着手建构自己
105 的理解方式，以形成自己的理解。有人认为，教师使用认知教学技术为学生跨越最近发展区（Vygotsky, 1978）搭建脚手架，帮助他们建构新知识，也许能使一些学生很自然地从奠定了知识基础的行为主义方法，过渡到更具建构主义特性的学习模式。从理论上讲，这种从行为主义到认知主义，再到建构主义的转变，形成了一个连续的过程。但是正如凯西在日记最开始时写到的，尽管学生都朝着相同的目标努力，但是他们的水平不同，每个学生在这个连续过程中的进步很可能是参差不齐的。

布鲁纳（Bruner, 1960）建议使用螺旋式课程。这是一种温故而知新的方法，即通过在每一次复习时增加主题的复杂性，让学生将在课堂上学到的新概念、新观点和他们已有的知识、理解建立牢固的联系，从而发展个人的图式（Piaget, 1936）。凯西可以考虑安排一系列与主题相关的活动来调整这一进程，以满足不同学生的需要。

包容学生

首先，可以与全班学生做一些准备工作，以建立与学习主题相关的牢固的知识基础。精选三四个问题，让学生反思、评估和评价自我的知识水平和对主题的理解。然后，可以根据学生的反应将他们分成三个小组，或遵循人本主义传统，允许学生根据自己的认知水平自行选择加入

哪个小组。之后，就可以根据每个小组的需要设计不同的练习了。例如，通过精心挑选与贫困的理论概念相关的信息文本、视频、播客等，凯西可以：

- 将一些学生（对这个主题还是一头雾水的学生）分为一组，让他们从文本中找出贫困的不同定义。
- 将那些自认为对这个理论概念具备一定基础知识的学生分为一组，让他们分析文本，然后两人或三人一队，找到文本中每一条基本原则的例子，最后向全体组员汇报。
- 为那些自认为能够很好地理解与贫困相关的理论和原则的学生安排练习，让他们研究如何用这些原则来解释当前环境中的贫困。

一旦学生完成这些任务，凯西就可以让每个小组——从找出基本信息的小组，到能够在不同环境中独立识别实践原则的小组——依次向全班展示他们的发现。

活动 8.2

看看上面的差异化任务，利用你目前学到的知识，列出它 106
们包含的不同理论。

整合理论

在开始教学前，我们都需要明确学生现有的知识水平和理解能力。有人建议，凯西可以通过向学生提出一系列问题来达到这个目的。这样做，凯西就可以在认知主义范式下工作，让个体立刻做出反思（行动中反思——Schön, 1991），并评估他们与贫困这一概念相关的现有图式（Piaget, 1936）。然后，凯西可以融入建构主义的一些要素，鼓励他们在自我评估后再决定加入哪一水平的小组，从而赋予学生一定的自主权。这样，学生就有机会体验某种程度上的自我导向学习（Candy, 1991）。使用这种方法，凯西不仅可以向学生展现教师积极考虑了小组和个人的成长需要，也使他们能够参与自己的学习，并对自己的学习负责。依据伯恩（Berne, 1961）的交互分析理论（transactional analysis）[①]，通过提升学生在学习过程中的参与度和投入度，凯西不仅表明了学生的意见得到了“更有见识的他者”（Vygotsky, 1978）的重视和肯定，也展现了师生之间的关系应是“成人与成人”而非“成人与孩子”或“家长与孩子”的关系，这一策略可以提升他们的学习意愿（Berne, 1961）。

利用有针对性的任务和成果将学生群体分成小组，凯西将学习变为社会过程而非教学过程（Vygotsky, 1978; Bandura, 1977; Bruner, 1960）。在一个支持探讨和争论的社会环境中，鼓励学生在与同伴交流的同时，与同伴共同学习甚至向同伴学习，能使学生以自己独特的方式积极参与意义生成及建构新知识的过程。凯西可以在课程后期，即要求每组学生向全班做展示之时发展这一过程。按顺序进行反馈——从找出文本中基本概念的小组，到被要求发展高阶思维能力（Bloom et al., 1956）的小组，再到通过评估概念在不同环境中的有效性来综合运用信息的小组——能够使所有学生在认知领域内学习。当各个小组将自己的发现向全班同学反馈时，每个学生都可以接收到同样的被切分成小块的信息。但是，最后一个做展示的小组必须研究新的信息，还将面对在建构主义范式下工作的挑战。首先，他们不得不独立寻找信息（发现学习）；随后
107 在向全班做反馈时，他们还要利用这些发现为同伴形成自己的理解搭建

① 这是一种精神分析理论和治疗方法，用于帮助人们分析自我在社会交往中的心理状态，以此解决情绪问题。该理论认为，人在交流中主要持三种心理状态，即儿童自我状态、父母自我状态和成人自我状态，每一种都是一个完整的思想、感觉和行为系统。——译者注

脚手架（Bruner, 1960）。以这种方式建立理论基础，有助于学生建立抽象概念与实践的关联，从而创造新的图式，或将理论吸收到现有的图式中。让全班参与确认概念或拓展个人对概念的理解的过程，搭建理论和实践的桥梁，使所有学生都可以在知识体系和实践智慧之间建立牢固的关联（Korthagen and Kessels, 1999）。

利用小组合作

在鼓励学生分组合作以建立共同理解的过程中，一些学生（凯西在日记里提到的）会比其他人更快地掌握概念。小组合作可以鼓励更优秀的学生成为非正式导师，帮助同伴跨越最近发展区（Vygotsky, 1978）。他们提供的不同解释，可以促进同伴在一个非正式环境中进行反思、讨论和挑战，为同伴理解学习主题搭建脚手架。在促进这种互动的过程中，教师应该改变教育者的角色。对那些能够独立构建知识的学生，教师的角色应该转变为合作者；而对那些还处于认知水平而非建构水平的学生，教师的角色仍旧是引导者和促进者。

停一停

在读了凯西最初的日记后，我曾请你列出凯西在教学过程中必须克服的主要困难。你认为差异化课程将如何帮助凯西解决遇到的困难？

活动 8.1 找出了凯西不得不克服的一些困难。下面我们将重新讨论这些困难，并就凯西如何运用理论解决这些困难提出一些建议。

学生获得资格认证的目标是一致的，但是他们入学时的水平却各不相同

对学生来说，成就是强大的动力。但是人文主义者认为，唯一真正有价值的评估形式是自我评估。最初，基于学生现有的知识和理解，为学生分配小组，或允许学生自行分组，会令他们感到安全，因为他们会认为自己和其他组员处于相似的水平。在小组中，学生可以评估或重新评估他们的知识、理解，可以与他人互动，从而在支持他人学习的过程中发现并改进自己的不足之处。

学生具有不同的经历，对教学的期待各不相同

108 通过开展各种活动和使用不同的教学法，教师可以满足学生对教学的不同需求和期待。随着小组的发展，教师可以辨别哪些方法最有效，并在教学计划中加以充分利用。

有的学生由于行为问题需要额外的支持，有的学生有读写困难，有的学生则不能集中注意力，等等

与小组中的同伴合作，可以为需要支持的学生提供一种非正式途径。有读写问题的学生可以利用不同的媒介获得支持，例如用可接入屏幕阅读器的电脑做研究。用简明的、提炼出要点的小册子或练习，为所有学生提供信息，可以帮助他们融入学习进程。为不同的学生设置不同的适合的任务，可以帮助缺乏自信的学生参与学习进程。有时间限制的任务，则可以帮助学生把注意力集中于预期结果。设置一系列简短、相关的（而非单一的）任务，能够使学生朝着一个确定的结果前进，也有助于学生保持注意力。

一些学生被教师认为“懒惰”

“懒惰”的背后，也许藏着不为人知的学习需求，也许是因为学生觉得任务太难或太简单，也许仅仅是因为学生感到无聊或对学习内容不感兴趣。不论是哪种情形，教师通常都不会花多少时间找出学生“懒惰”的原因。在引言部分我们提到，凯西需要做一群学生的生活辅导员。作为辅导员，凯西也许能够发现学生懒惰的根源，并采取恰当的行动（参见第 4 章）。

吵闹的学生不把注意力放在教师身上

凯西通过向学生提供差异化但联系紧密的小组任务，可以鼓励学生发挥自己的优势并持续讨论。但请注意，这种讨论应有明确的目标。目标明确、节奏紧凑的任务，有利于学生的互动，也有助于提高他们的注意力。

本章小结

很久以前我被告知：教师在课堂上做的任何事，都能与理论联系起
来——教师要做的就是找出哪种理论有用，它的原理是什么，以及如何
在自己的课堂上运用它。本章我们探讨了“融会贯通”的含义，即使用 109
不同理论或理论流派的部分内容来设计策略，以满足学生的需要，使他
们能够学有成效。

导师时刻

在将理论运用于教学时，大多数教师会不自觉地而非有意

识地在教学中整合不同的理论。把理论与实践联系起来不是我们要花大量时间思考的事情，我们要做的，是了解不同的理论，并弄清楚理论怎样作用于实践能帮助我们解决或改善问题。通常来说，在将理论应用于实践时，使用融会贯通的方法能够改进教学过程，值得你花些时间考虑。思考下列问题，并在下一次会面时与你的导师讨论。

- 你在教学中使用了哪些理论？
- 你认为某些理论更适用于某些群体吗？你为什么这么认为？
- 在你的专业实践中，你会采用哪些措施来尝试不同的理论方法？
- 你认为将理论融会贯通对你和你的学生有什么好处？
- 你认为你的学生对这样的教学方式会有什么反应？

拓展阅读

Belbin, M (2004) *Management Teams: Why They Succeed or Fail* (2nd ed). Oxford: Elsevier Butterworth- Heinemann.

Berne, E (1961) *Transactional Analysis in Psychotherapy: A Systematic Individual and Social Psychiatry*. New York: Grove Press.

参考文献

Ausubel, D P (1960) The use of advance organizers in the learning and retention of meaningful verbal material. *Journal of Educational Psychology*, 51: 267–272.

Bandura, A (1977) *Social Learning Theory*. New York: General Learning Press.

Becker, H (1973) [1963] *Outsiders*. New York: Free Press.

Belbin, M (2004) *Management Teams: Why They Succeed or Fail* (2nd ed). Oxford: Elsevier Butterworth-Heinemann.

Berne, E (1961) *Transactional Analysis in Psychotherapy: A Systematic* 110
Individual and Social Psychiatry. New York: Grove Press.

Bloom, B, Englehart, M D, Furst, E, Hill, W and Krathwohl, D (1956) *Taxonomy of Educational Objectives: The Classification of Educational Goals. Handbook I: Cognitive Domain.* New York, Toronto: Longmans, Green.

Bruner, J S (1960) *The Process of Education.* Cambridge, MA: Harvard University Press.

Candy, P C (1991) *Self-Direction for Lifelong Learning*. San Francisco, CA: Jossey-Bass.

Dyson, A (2001) Special needs in the twenty-first century: Where we've been and where we're going. *British Journal of Special Education*, 28 (1): 24–28.

Goffman, E (1963) *Stigma: Notes on the Management of Spoiled Identity.* Englewood Cliffs, NY: Prentice Hall.

Knowles, M S, Holton, E F and Swanson, R A (2015) *The Adult Learner* (8th ed). Abingdon: Routledge.

Korthagen, F A J and Kessels, J P A (1999) Linking theory and practice: changing the pedagogy of teacher education. *Educational Researcher*, 28 (4): 4–17.

Maslow, A H (1943) A theory of human motivation. *Psychological Review*, 50 (4): 370–396.

Mills, D and Alexander, P (2013) *Small Group Teaching: A Toolkit for*

Learning. York: Higher Education Academy.

Piaget, J (1936) *Origins of Intelligence in the Child*. London: Routledge and Kegan Paul.

Rogers, C (1959) A theory of therapy, personality and interpersonal relationships as developed in the client-centered framework, in Koch, S (ed) *Psychology: A Study of a Science. Volume 3: Formulations of the Person and the Social Context.* New York: McGraw Hill.

Schön, D A (1991) *The Reflective Practitioner: How Professionals Think in Action.* Abingdon: Routledge.

Tuckman, B W (1965) Developmental sequence in small groups. *Psychological Bulletin*, 63 (6): 384−399.

Vygotsky, L S (1978) *Mind in Society: The Development of Higher Psychological Processes.* Cambridge, MA: Harvard University Press.

第 9 章

创新教学

本章我们将探讨：

- 定义教学中的创新
- 运用反思改进教学
- 创造力和创造性教学策略

引言

111 人们通常认为，任何教育体系的成功都取决于教师的素质。教师的职责是帮助年轻人为生活和工作做准备，帮助不那么年轻的人为一系列活动和生活事务做准备。教育渗透于生活的方方面面，具有促进和阻碍思考的双重力量。因此，我们如此重视能够吸引学生、支持学习的创新教育实践，就不足为怪了。

大多数教师都会接触多种教学法，其中一些教师拥有扎实的理论知识，这为他们提供了理解人类学习方式的原则。因此，对如何教学才能达到最好的效果，这些教师应该能够做出明智的决定。但是仍有许多教师基于自己做学生时的有用方法来选择教学法，有些教师则受到了学校或教学机构提供的教学指南的限制。最终的结果是，教学变得更加整齐划一，缺乏创新。

我们谈论创新实践时，也许可以参考课堂策略或有趣的资源。这通常包括教师可以用来规划有趣课堂的技术或特定“工具箱”。有许多真实的例子可供我们参考，网上也有海量的指导可以提供帮助，但是它们很
112 少考虑这样一个事实，即每个教学情境都是独特的，教师需要学习如何适应不同的情境，而非复制成功的方法。

本章我们将为大家介绍萨米尔——一位热情洋溢的年轻教师。他最近刚刚结束培训，对创造引人入胜的课堂怀有极大的热情，热衷于尝试新的教学策略，运用新的学习资源。

图 9.1　萨米尔的故事

·案例研究·

萨米尔的日记

113 这是我第一份真正的工作！真不敢相信我这么幸运，我感觉这份工作就是为我量身定做的。我特别喜欢培训的内容，学到了那么多教学方法。我的导师特别棒，他非常支持我，鼓励我尝试新事物，而且注意引导我而不是直接告诉我怎么做。现在我迫不及待地想要试一试……我的脑袋里塞满了各种各样的想法。

定义教学中的创新

就像很多事物一样，“创新教学”并不容易定义。它可以指基于语境的教学，涉及做中学和整合新思想，也可以指在某种程度上超前于时代的教学。“创新”一词指的是先进的、具有前瞻性的事物，因此通常包括推陈出新、与众不同的想法。这意味着创新教学属于主动的而非被动的教学方法。对此存在这样一种误解，即认为教学中的创新仅仅指的是新思想的产生，这意味着它只是少数有创造力的人的专利。但事实真是这样吗？还是我们能够运用一系列策略和共享的方法进行创新，以规划和发展学习？

教学中有许多因素与创新相关，下面几项也许能为你拓展思路提供一个起点：

- 消除获得正确答案的压力。
- 珍视冒险精神。
- 让学习变得引人入胜、妙趣横生。

- 鼓励互动和挑战。
- 提升学生的创造力。

消除获得正确答案的压力，珍视冒险精神

创新教学通常与建构主义和以学生为中心的方法有关，它鼓励学生积极参与解决问题的活动。它的重点在于创造一个有利于学习的环境，使学生感到自己能够获得足够的支持去冒险。也就是说，他们不总是追求获得正确答案，而是专注于拓展自己的学习。这意味着要创造一个鼓励提问并做出恰当回应的环境。在这种环境中，没有获得正确答案被视为进一步探索学习主题的机会，教案只是课堂的大致指南，而非盲目遵循的模板。

让学习变得引人入胜、妙趣横生

创新教学的另一个重要方面是创造引人入胜的课堂，让学习变得令 114
人愉悦、难忘。这也许仅通过改变课堂结构、重新组织课堂、使用一系列资源或加入有趣的活动就能实现。重要的是，学习环境不应该一成不变——是否总要带着学习目标去上课？总是安排一个启动活动是否必要？做计划时是否需要遵循一种公式化的方法，以确保课堂涵盖了学校定义的“优秀”课堂应具备的所有要素？学生确实很快就能习惯课堂结构，其优点是，已知的、可预测的课堂结构会让学生感到舒适、安全；但这也可能会让学生对课堂失去兴趣。我曾给成人学习者上过一堂课，我先介绍说，这堂课没有任何学习目标，然后让他们分享自己的一些经历，以此来引导这堂课。这与我之前的做法（提供相当安全的结构）非常不同，因此立刻吸引了他们的注意力，因为他们不确定接下来会发生什么。当有人迟到的时候，同伴会告诉他：这堂课没有任何目标……这个举动

无疑对他们如何看待这堂课产生了巨大的影响。先前搭建的安全网络被移除了，学生现在必须关注接下来要发生的事情。这是我们上过的最有成效的一堂课，学生起初可能会对教学方法的改变感到不适应，但他们从始至终全神贯注。

这堂课让我反思，我们通常是如何用标准化方法来规划教学，以及这又是如何限制学习的，也使我质疑分享学习目标是否真的有益（现在我很少这么做了）。这并不是说我不再分享学习的意图和目的，也不再联系过去所学的内容；而是说我的课堂不会从朗读和鼓励学生写下一系列毫无意义的陈述（也许更糟）开始。当然，这只是个人观点，我确信一些教师可以发现运用学习目标的创新方法，如果是这样的话，我当然会鼓励他们分享这些观点。

案例研究

萨米尔的日记

我一直在试着创造一个积极的课堂环境，这似乎见效了。毫无疑问，我的学生不害怕提问或参与讨论。教室里真是热闹，他们看起来很享受参与我为他们准备的活动。只有一个小问题：当我决定给他们更多选择活动的自由时，他们真的很兴奋，这很棒，但他们过于兴奋，说个不停。三个小组没完没了地叽叽喳喳，教室里的声音一浪高过一浪。我注意到系主任正从窗外朝里看，看上去有点儿不满，似乎想知道我是否会让他们安静下来……可问题是，他们对这项任务如此兴奋，浇灭这种热情似乎是无礼的！

鼓励互动和挑战

有证据表明，学生的互动能对学习产生积极的影响（Gillies et al., 115
2008），对此第 6 章我们已经讨论过。合作学习鼓励亲社会行为以及高阶思维能力的发展，有助于为学习者创造一种解决问题、自主理解新概念的学习环境。然而，仅靠小组活动激励创新是不够的。如果要帮助学生充分发挥潜能，小组活动还必须有明确的目标和适度的挑战。从这个意义上说，创新的教师知道如何组织活动，以确保每个学生都能够参与；当学生的注意力偏离任务的时候，他们会进行干预；他们也能明确后退一步的时机，以便让学习真正发生。这个平衡很难把握，需要你对自己的行为进行诚实的反思。

在引入互动和挑战时，一个重要的考虑因素是情绪状态对我们思维的影响。通常来说，当学生对正在做的事情感到安全、开心和激动时，他们的学习成效就会更大（Boekaerts, 1993）。但是情绪也可能产生负面影响。如果学生过于兴奋或过度热情，学习进程就会加快，他们就会变得粗心大意。而且就我的经验来看，过于兴奋的学生往往很吵闹，这会影响到班上的其他学生。这似乎也是萨米尔遇到的问题。重要的是制定策略来引导学生的激情，让他们感到自己的声音都能被倾听。一个可行的策略是，为学习活动设置群体规则，这样做既能认可和奖励学生对任务的热情，又能让他们认识到，在有限的空间中噪声等级的上升可能会干扰学习。

提升学生的创造力

学习创新是创新教学的应有之义。因此，创新教学的定义也应该包括激发学习者的创新潜能。这一观点与进步和个人发展的理念相关，这些理念牢牢地扎根于我们的学习信念。学习本身既可以被视为一种成长，它根植于知识的沃土，又可以被视为一场旅行——我们很少会上一秒对某事还一无所知，下一秒就完全了解了，因为通常有一个适应新信息的过程。古斯塔夫·克里姆特（Gustav Klimt）的著名画作——《生命之树》（*The Tree of Life*）描绘了这场旅行。大量盘旋的线条代表迂回曲折的人生轨迹，而伸向天空的枝干，据说代表了人对超越现在的永恒追求（Gustav Klimt.com, online）。

图 9.2　生命之树

提升学生的创造力不仅仅是一个诱人的想法，如果我们想让人们为现代职场做好准备，这可能是必不可少的。因此，在课堂上寻找鼓励创新的方法，是创新教学的一个重要方面。爱泼斯坦和潘（Epstein and Phan, 2012）认为，以下四种关键能力有助于培养创造力：

- 捕捉新想法。
- 挑战——让自己解决难题。
- 拓展——通过学习新的、有趣的东西来激发创造力。
- 广结交——做有趣的事，结交形形色色的人。

其中最重要的是捕捉灵感的火花，这应该是每天都要鼓励学生去做 116
的事情。在学习环境中，这可以通过很多途径实现，比如使用个人剪贴簿、日记或点子盒。这些创意活动不应是艰巨的任务，而应该成为课堂实践的一部分。用这样的方法捕捉灵感也是验证灵感的一种方式。这样做可以让学生明白创新思想的重要性，从而有所创造。

教师在自己的教学中示范也很重要。通过使用富有创造性的教学方法，敢于在教学策略中冒险，我们也可以像用创造力强化学习那样，用创造力强化教学。同时我们也可能证明，当事情未按计划进行时，没什么可怕的，这反而是学习新东西的机会。爱泼斯坦和潘（Epstein and Phan, 2012）也建议教师每天拿出五分钟进行创造力训练，比如安排解决问题或形成观点的活动。

活动 9.1

请将能够融入课程的创造性教学活动列在一起。它们可以 117
是任何鼓励人们解决问题、跳出思维定式或拓展思维边界的活动。试着想出至少 20 项活动，对自己的想法无须求全责备。当你列出一份清单后，和你的同事或导师谈谈——你永远不知道讨论会导向何种结果。

创新的扩散

正如我们在本章开头所说的，创新能力不是少数幸运儿的专利，而是我们都可以追求的。罗杰斯的创新扩散理论（Rogers, 2003）认为，创新教学不一定要创造全新的方法，它也可以是用更具创新性的方式来使用策略或资源。

创新的扩散描述了一个想法是如何在一段时间里得到发展并在社会系统中传播的，最终的结果是人们采纳了新想法，并将其融入自己的思想。采纳仅仅意味着对想法或资源加以改造，使其某些方面变得不同。这也可以算作一种创新形式，创新并不需要完全原创。

我们甚至可以说，“真正原创”的想法很可能就是个神话，因为大多数创新可以说都是对我们熟知的事物进行改造。达·芬奇在画作中对鸟类飞行的研究，激发了人类飞行的初步设想，而日本的子弹头列车也是受到了翠鸟的启发。起初，由气压变化引起的音爆会使列车不堪重负，后来工程师注意到，翠鸟在扎入水中捕鱼时只会溅起极小的水花，便据此重新设计了列车，给列车加了一个长长的喙状“鼻子”，这极大地降低了噪音，使行驶速度提高了 10%。这实际上就是创新的想法，但它们属于真正的原创，还是对自然界的改造呢?

运用反思改进教学

反思性实践是一个从经验中学习的过程，它能让我们对自己及其工作方式有新的认识。通过有意义的反思，我们能够培养更强大的自我意识，并批判性地审视我们的思想、感觉和行动。其目的是重温经验，客观地思考，以便获得新的理解。在教学中，这是一项非常重要的活动，只要诚实地去做即可。反思性实践应始终聚焦于我们所学的内容，它并非为我们的行为辩解的过程。

反思模型

反思可以包括任何能引发我们思考自我经验、质疑自我行为的活动。 118
它可以像写日记一样简单，但是对一些人来说，如果能更正式地组织反思，效果就会更明显。有许多反思模型可以利用，如果想让它成为一项有用的活动，那么我们就需要花点儿时间思考最适合自己的方法。吉布斯（Gibbs, 1988）提出的模型是比较流行的，它包括六个阶段（见图 9.3）。

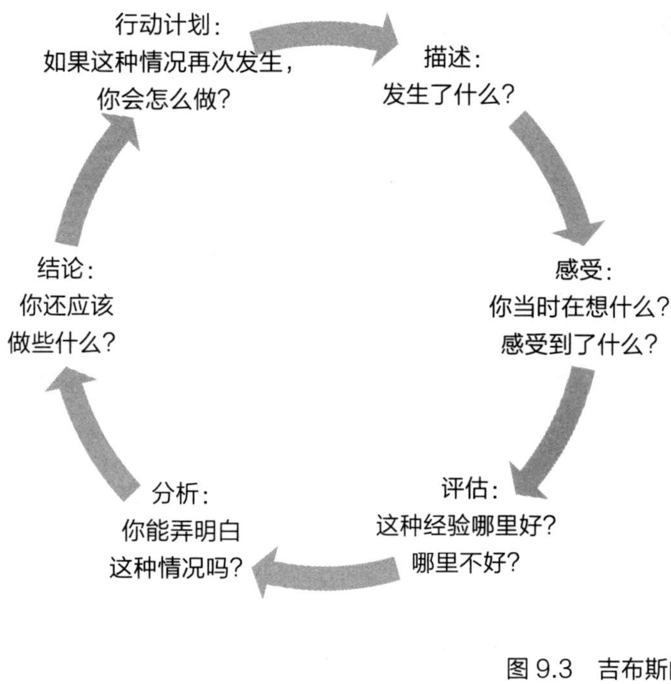

图 9.3　吉布斯的反思模型

这个模型被描述为一个迭代模型，意即通过重复来学习，因此循环要素非常重要。它不只是一种经验的记录，还是用不同的方法或新的理解来改变这种经验的反思。

博尔顿（Bolton, 2001）认为，随着反身性[①]意识的增强，反思性实践可以得到强化。这意味着你要考虑自己对某个特定事件的想法。简单地记录客观的观察结果并不能实现这一目标，你必须深思熟虑，仔细思索情况的复杂性。博尔顿建议使用一种镜像模型，它基于以下三点：

119 1. 明确不确定性

2. 严肃地玩耍

3. 无条件地质疑

这个模型对一些人来说可能有点儿不太舒服，因为它移除了对事物“了如指掌”的一面。在吉布斯的模型中，你需要描述发生了什么，因此你要评估情境，然后做出评价，分析结果，并决定应采取的最佳行动。事实上，你被鼓励在整个过程中做决定，因此能够产生某种运筹帷幄的安全感。而采用镜像法则意味着，我们并非在寻找简单的答案，而是接受“不确定性”，即唯一真正确定的事，是我们永远无法确定任何事情。接受了这一观点，就否定了在任何时候都能知晓答案的观点。在我们思考某一问题的解决方案时，往往很难接受这一点。博尔顿认为，理解这一点的唯一方式是“严肃地玩耍”，意即愿意做出种种尝试，而非寻找特定的答案。这样，“无条件地质疑”便为我们提供了抛弃先入为主的“真理”，生成新意义的机会。从某种程度上说，这培养了我们的好奇心，使我们得以拥抱新想法和新机会，就像爱丽丝那无与伦比的冒险一样。随着好奇心越来越旺盛，我们就为学习添加了越来越多的新维度。

培养反身性确实需要一些练习，下面的问题也许可以给你提供一个有用的起点。

---

① 反身性（reflexively）是指研究者的思想与研究对象的相互影响。通俗说来，即我们对自我思维的反思，影响了我们的行为方式，进而造成了现实的变化，这又反过来促进我们进一步修正自我的思维和行为方式。——译者注

- 对此我想到了什么，感受到了什么？
- 我正做出怎样的假设？
- 我的经验以何种方式影响了我的反思？
- 这些事情如何影响了我的选择和行动？

用反思来增进理解可以是很轻松自在的，也有助于培养专业素养。但是应该承认的是，这个过程也可能令人不安，可能会强烈地影响情绪。布鲁克菲尔德把它比作放下心理炸药：*质疑我们行动所依据的假设，探索其他想法不仅困难，而且在心理上也具有爆炸性*（Brookfield, 1990, p.178）。

反思是为了持续改进，这无疑是积极的，但也存在着自我谴责的潜在危险。因此，我们必须记住客观性这一关键原则，并清楚地意识到批判并不一定意味着批评。重要的是，反思性实践要有一个真正的目的，并且不能脱离教师专业的具体情境。这使我们能够更客观，避免我们过于自我，钻牛角尖。

案例研究

萨米尔的日记

于是，我和我的导师聊了聊——对如何以积极的方式控制 120
学生的情绪，他颇有想法。最后我决定制定一些“小组合作规则”。这确实有效果，现在他们能够有效地监督自己的活动了。他们不仅能继续完成我给他们安排的工作，还能彼此约束，这样教室里就不那么吵闹了。从某种程度上说，这是完美的。但有件事令我困惑，我不知道该如何形容——学生看起来好像丢失了什么。我觉得这可能与他们最初的那种兴奋有关。他们过去总是问许多问题，好像有很多想法，可现在似乎只是顺从。这太令人沮丧了……我真怕自己永远也做不好了。

萨米尔的沮丧显而易见。他似乎已经找到了解决问题的方法，可是在解决问题的过程中却产生了新问题。原因之一也许是萨米尔急于解决他的第一个教学问题，并没有真正思考他采用的方法。他的反思经历了一个记录和分析情境的典型循环，然后他立即寻求解决方案。如果萨米尔采取更具反身性的方法，他也许就会考虑到影响他决定的基本假设，而这很可能引发优先级的变化。萨米尔担心系主任不满意教室里的嘈杂，认为这是自己的教学出了什么问题的信号。他之所以这样想，是不是因为他假设系主任比他更懂教学？权威人士就一定能对教室里发生的事情做出更准确的判断吗？假使采用更具反身性的方法，萨米尔就应该思考自己对此做出的反应，质疑自己对待教学或权威的态度，并思考自己的价值观以及据此做出的假设。反身性扩展了我们的参照系，鼓励我们发现自己的局限及其对行动的影响。

在一个聚焦于行动的反思模型中，你可能在弄明白一件事发生的原因前就采取纠正措施，这样做可能会丢失一些重要的信息。利用镜像法则，我们不是在寻找简单的答案，而是接受“不确定性”。接受了这种观点，否定了知道答案或找到解决方法的必要性，也就意味着放松了一点点儿控制。两者都是有用的，要根据个体和情境的不同选择正确的方法。在萨米尔的例子中，采取反身性的方法，意味着他所尝试的想法也许会违背他最初的教学假设，例如，鼓励学生交谈，允许学生开小差，或取消教师对小组活动的控制。对积极的课堂是什么样子，萨米尔显然有一些假设——如果他错了，他会采取不同的方法吗？

这种反思有助于生成多种选择，只要我们能够以开放和真诚的态度对待这个过程，这些选择反过来就能改变我们的实践。

· 案例研究 ·

萨米尔的日记

我花了很长时间反思我管理各小组的方式，跟我的导师也聊了聊。在系主任注意到我们那相当吵闹的课堂后，我跟她也聊了几句。结果她对那堂课的活动水平印象深刻，根本没有担心吵闹的程度。她说她相信“一切都在我的控制之中”，尽管我并不确定当时是否真的如此，但被信任的感觉很不错。那么这一切意味着什么？事实上我明白了一个道理：要更多地相信自己的判断。我想，因为我是新老师，就认定其他人知道的比我多。实际上，他们虽然经验丰富，却并不教我们这个班，他们只能根据我说的话来判定我的教学情况。我想让学生积极参与学习，但也想让他们在必要时听我说，所以上周我和学生讨论了这个问题：噪声太大时老师应怎样提醒大家安静下来，最后我们一致同意以“挥手”为信号，这样每个人都能一目了然……猜猜怎么样？它起作用了！有时学生还主动挥手示意，这就更好了。 121

很奇怪，现在我一点儿也不担心课堂的吵闹问题了，我只想确保学生能充分利用每堂课。毫无疑问，我想尝试有趣的教学方式，并花了很多时间探索适合自己课堂的不同策略。

创造力和创造性教学策略

据说毕加索有一句名言：“每个孩子都是艺术家，问题是长大后如何保持这种天赋。”（Pablo Picasso Quotes online, 2018）这一看法与肯·罗宾逊（Ken Robinson）在动画《改变教育模式》（RSA, 2010）中传递的关键信息一致。在这个短片中，教育被定义为一个效仿工业化模式的系统，它牢牢地扎根于标准化实践。如果是这样的话，我们怎样鼓励教师锐意创新，同时在课堂上为培养创造力开辟一片沃土呢?

“创造力”这个词常常让人联想到充满神奇事件的虚无缥缈的世界，它通常与艺术探索和艺术家有关。他们是“与众不同的少数”，拥有其他人梦寐以求的神秘能力。但是，罗宾逊（Robinson, 2017）认为，这是一种误解。从广义上看，创造力也应该包括普通人在每个普通的工作场所进行的日常活动。罗宾逊强调，为了推动社会进步，我们需要认识更广泛的创造力，学会从不同的角度思考天赋和能力。他的主要观点是，每个人都有创造的能力，从整个社群的角度出发，我们的挑战是培育每个人都能够参与的创新文化。这一观点也得到了爱德华（Edwards, 2001）的支持。爱德华认为，当前的教育体系只注重科学，将艺术视为“怡情”。这可能会忽视创造力的重要方面，削弱人类宝贵的能力，这些能力很可能会引领诸如知觉、直觉和想象力等的改变。人们往往觉得可以通过关注理性来控制教育过程，尤其当我们视教育为职场的准备工具时。这并非不合逻辑，但就像桑普尔斯（Samples, 1976）所说，这可能会阻碍进步，他借鉴爱因斯坦的观点指出：忽略那些所谓的不理性的东西，也许会限制我们自己的潜能。

122 爱因斯坦将直觉或隐喻思维称为神圣的天赋。他还补充说，理性思维是一个忠实的仆人。可矛盾的是，在现代生活中，我们已经开始崇拜仆人、亵渎神灵了。

> ——桑普尔斯（Samples, 1976, p.26）

创造性教学策略

罗宾逊（Robinson, 2017）认为，创造力有三个关键组成部分：使人灵光乍现的想象力、使创意不断成熟的创造力、将新想法付诸实践的创新做法。在经典著作《创造的行为》（*The Act of Creation*, 1964）中，凯斯特勒（Koestler）引入了“异类组合”（bisociation）这个术语，意即将两个领域通常毫无关联的物体或观点联系起来。通过这种组合，我们以一种新方式将二者融合，从而创造出与众不同的事物。例如，在“功夫标点”的教学中，人们通过使用武术动作来教授标点符号的用法。

为创造性教学策略提供指导并不简单，因为这么做的话，这些策略的特有属性就会消失。我将创造力定义为以独特的方式改造思想、知识或特性的方方面面。如果我只是简单地列出一系列需要遵循的创造性教学策略，那么它们就会失去适应性和独特性，立刻变得不那么有创造力了。这是一个两难的问题，所以下面我用思维导图表达自己的想法，然后探讨一些被视为“创新”的策略，但我还是建议你据此改造，而不是直接采纳。

图 9.4　创新教学思维导图

123 当实习教师被问到创新的含义时，他们可以将这个过程定义为：

- 跳出思维定式。
- 解决问题。
- 另辟蹊径。
- 冒险。
- 富有艺术性——使用音乐和绘画。
- 打开思维，探索。

——伊斯特伍德等人（Eastwood et al., 2009, p.2）

以上均适用于课堂实践。

使用案例研究以及解决问题的活动，可以鼓励学生跳出思维定式，尽管他们确实常常跳不出研究形式上的条条框框。另一种或许更具挑战性的活动，是勾勒出一个场景，让学生围绕它来创造案例研究或故事。这样做可以让他们更好地控制活动，无疑比解决给定的问题更具挑战性。事实上，那些你甚至没有想过的问题很可能凸显出来。

另辟蹊径涉及教学的很多方面。它可能仅仅需要改变课堂结构，或在活动中添加惊喜元素或调动一系列感官，例如在教室里使用音乐、色彩或气味。

冒险的想法可能会遭受质疑。我们处于一个纷争不断的社会，任何一种职业冒险都很难得到人们的赞许。再加上与健康和安全以及学习者的“脆弱心态”等相关的严格准则，课堂上冒险的可能性变得越来越小。但是在教学中，冒险究竟意味着什么呢？在生活中，它通常指的是尝试一些有可能出错的事情。当我们以不同的方式做事时，当我们使自己变得脆弱时，当我们碰到也许会被拒绝或我们难以胜任的机会时，我们往往是在冒险——所有这些都存在情感风险、社会风险，有时甚至是财务风险。课堂上的冒险也一样。当我们尝试有可能行不通的事情时，当我们采用不同的方法时，当我们使用未经检验的策略时，当我们鼓励学生质疑我们的行为、能力甚至知识时，我们就是在冒险。当我们减少控制，与学生共同学习，允许学生当老师，允许课堂不按计划进行的时候，我们就可以冒险。在教学中冒险好比在生活中冒险，它包括敢于用不同的眼光看待事物，将教学视为无止境的探险而非高度指令性的活动。正如海伦·凯勒（Helen Keller）的那句名言："生活要么是一场大胆的冒险，要么就什么都不是。"（Keller, 1946, pp.50－51）

在教学中使用富有艺术性的方法，也许需要设计创作音乐或图画之类的活动。采用什么类型的策略，很大程度上取决于学生，以及对他们的能力、技能和喜好的了解。学生通常会说自己不会画画，如果被要求在课堂上这么做，他们就会陷入恐慌。所以可以考虑替代方案，比如思维导图或拼贴画。使用富有艺术性的方法实际上就是调动多种感官，让学生以不同的方式运用所学知识，这可以通过以下策略来实现：

- 绘画。 124
- 制作海报或思维导图。
- 写歌或写诗。
- 用彩泥制作模型。
- 根据一系列随机物品进行创造。

这些策略适用于任何主题，能够提供非常好的讨论平台。在让学生描述学习理论的时候，我就用到了彩泥。我要求学生创建一个能够代表他们对理论的理解的彩泥模型，然后制作一个短视频进行描述。这涉及一系列技能，也意味着在创建模型前，学生必须讨论和理解理论。

打开思维和探索新思想是任何课程的基本组成部分，如果缺少这些，我们所做的就只是传授内容，很可能只是为了通过评估。我们在本章讨论的所有策略，都有打开思维的潜力。任何讨论形式、任何实践经验或活动，都将启发思考，从而打开新思想的大门。创新教学无疑需要一种方法，让学习者建构新的意义，并将学习视为一个探索的过程。虽然没有一种专门可以打开思维的策略，但可以说，任何挑战我们思维的事物都是一个好的起点。下面五种想法可以帮助你起步：

1. **剧本幻想**。它源于一种教授社交和情感技能的技术。参与者在进行简短的放松练习后，可以在一系列由建议搭建的“幻想”框架中，自由进入自己的幻想世界，把幻想带到他们认为合适的任何地方（Hall and Leech, 1990）。
2. **图像联想法**。图像通常与我们的创造力联系在一起，因为它允许我们用非线性方式观察和描述事物。使用图像来激发灵感、生成想法，是开启讨论的有用方法。
3. **使用“思考帽”**。这项技术以爱德华·德·波诺（Edward de Bono, 2000）的研究为基础，是一种生成问题解决方案的策略。它提供了一个从不同视角探索事物的平台，促使人们摆脱习惯的思维方式。每顶帽子都有不同的颜色和用途，例如：

    - 白帽子代表事实。
    - 黄帽子象征乐观，关注事物积极的方面。
    - 黑帽子代表判断——它可能是魔鬼的代言人，能发现危险和困难。
    - 红帽子代表感受——戴上这顶帽子，你可以表达喜欢、恐惧、厌恶、热爱、憎恨等情绪。
    - 125 绿帽子关注创造力，寻求新想法和可能性。
    - 蓝帽子负责管理思维过程——它控制其他思考帽的使用，并确保指导方针得到贯彻。

4. **沙盘**。沙盘活动允许人们使用诸如人、动物、树木、房屋等缩微模型，以及一个装满沙子的托盘，来建构自己的微观世界。依据创建的场景，人们可以进行讨论或形成新想法。

5. **讲故事**。我是故事的信徒，常常用故事开始或结束一堂课。我认为聆听他人朗读是很有疗愈作用的，也许这样做能使我们放松，并开始考虑新的想法。包含重要信息或能开启一般性讨论的简短故事或诗歌是最好的，因为它们包含了足够的信息来引发问题。

停一停

以上哪些想法吸引了你？它们的优点和缺点分别是什么？你如何使它们适应你的教学？

本章小结

本章我们探讨了创新教学的含义，思考了如何使用不同的方法来促进课堂实践。我们还考虑了真诚反思的重要性，其目的是发现可以尝试的新方法。

导师时刻

在此我们为你提供了与导师讨论的起点，以便你能详细探讨本章的所有内容。提出这些问题的目的在于鼓励你质疑自己对概念的理解，并考虑它们以怎样的方式影响你的教学。

- 对你来说，创新教学是怎样的？
- 你可以尝试什么类型的事情？
- 你可能遇到什么障碍？
- 为克服障碍，你可以通过什么方式跟他人合作？

拓展阅读

126 **Bolton, G** (2001) *Reflective Practice, Writing and Professional Development*. London: Paul Chapman Publishing Ltd.

Robinson, K (2017) *Out of Our Minds: The Power of Being Creative* (3rd ed). Oxford: John Wiley and Sons Ltd.

参考文献

Boekaerts, M (1993) Being concerned with well-being and with learning. *Educational Psychologist*, 28(2): 149–167.

Bolton, G (2001) *Reflective Practice, Writing and Professional Development.* London: Paul Chapman Publishing Ltd.

Brookfield, S D (1990) Using critical incidents to explore learners' assumptions, in Mezirow, J (ed) *Fostering Critical Reflection in Adulthood.* San Francisco, CA: Jossey-Bass.

Dale, M A and Lyddon, W J (1998) Sandplay: a constructivist strategy for assessment and change. *Journal of Constructivist Psychology*, 13 (2): 135–154.

De Bono, E (2000) *Six Thinking Hats*. London: Penguin.

Eastwood, L, Coates, J, Dixon, L, Harvey, J, Ormondroyd, C and Williamson, S (2009) *A Toolkit for Creative Teaching in Post-Compulsory Education*. Maidenhead: Open University Press, McGraw-Hill.

Edwards, B (2001) *The New Drawing on the Right Side of the Brain.* London: HarperCollins.

Epstein, R and Phan, V (2012) Which competencies are most important for creative expression? *Creativity Research Journal*, 24 (4): 278–282.

Gibbs, G (1988) *Learning by Doing: A Guide to Teaching and Learning.*

London: FEU.

Gillies, R M, Ashman, A F and Terwell, J (2008) *The Teacher's Role in Implementing Co-operative Learning in the Classroom*. New York: Springer.

Hall, E and Leech, A (1990) *Fantasy in the Classroom*. London: Routledge.

Keller, H (1946) Faith fears not, in *Let Us Have Faith*. New York: Doubleday.

Koestler, A (1964) *The Act of Creation*. London: Hutchinson and Co, Longman.

Kung Fu punctuation Available at **www.youtube.com/watch?v=Q35SfhGCL8Q&t=3s** (Accessed 24 March 2019).

Robinson, K (2017) *Out of Our Minds: The Power of Being Creative* (3rd ed). Oxford: John Wiley and Sons Ltd.

Rogers, E M (2003) *Diffusion of Innovations* (5th ed). New York: Free 127
Press.

RSA (2010) RSA Animate: changing education paradigms. Available at **www.youtube.com/watch?v=zDZFcDGpL4U**

Samples, B (1976) *The Metaphoric Mind: A Celebration of Creative Consciousness*. Boston, MA: Addison-Wesley Publishing Company.

第 10 章

心理弹性

本章我们将探讨：

- 什么是心理弹性
- 培养心理弹性的策略

引言

128 我们大多数人都经历过这样的时刻：发现自己很难应付日常生活，尤其是当我们从事高要求的工作时。教学无疑属于此类。实际上，就与工作相关的焦虑和压力而言，教师被认为是最具挑战性的职业之一（Health and Safety Executive, 2018），因此，思考如何管理压力并增强心理弹性对教师来说非常重要。

当面对困难的时候，那些心理弹性强的人，更可能从挫折中恢复过来。培养心理弹性有许多好处，尤其是它可以帮助人们建立自信。如果相信自己可以从困境中恢复过来，我们就会更有信心应对挑战。因此，心理弹性强的人更能适应不同的环境，并找到积极的前进方式。

本章我们将介绍雷切尔——一名新入职的教师。她勉强通过了教师培训，最后幸运地得到了这份工作。

心理弹性

心理弹性（psychological resilience）是一个术语，描述的是这样一种能力，即一个人在压力下被负面情绪或精神疾病等压垮，或者在面对压力时仍能保有旺盛的生命力。这意味着在某些情况下，心理弹性强的人不仅能摆脱压力的困扰，还能将压力视为挑战，从中获得成长。

129 根据认知心理学家的观点，我们有效管理困境的能力是与我们对世界的认知联系在一起的，而认知本身是通过我们思考事物的方式发展起来的。莱考夫和约翰逊（Lakoff and Johnson，2003）认为，我们的思想不仅与认知能力有关，还影响着我们如何感知生活，以及如何与我们周围的人和世界发生联系。这些思维规范影响着我们生活的方方面面，并且常常表现为乐观或悲观的倾向——大多数人将其视为一种人格特征。

不敢相信我得到了这份工作……
系主任正在观察我！我很担心。
我在别人面前从来都表现不好。
她会觉得我不称职。
我会被发现的！
我好绝望。
我成功了。
为什么事情总是发生在我身上？
控制点
内部
外部
太棒了！你有没有想过？或许？
我怎么帮学生培养心理弹性？

图 10.1　雷切尔的故事

130 但是，塞利格曼 (Seligman, 2018) 认为，乐观是可以学习的，我们可以培养从积极的角度看待事物的能力。

习得性乐观

塞利格曼的研究（最开始聚焦于习得性无助）衍生出一种“习得性乐观”（learned optimism）的模型。在塞利格曼看来，我们每个人都有一种“归因方式”，它描述了我们如何向自己解释生活中发生的事。有人认为这种解释具备以下三个要素，被称为 3P：

1. **个性化**（personalisation）——我们将某一结果的成因归为内部因素还是外部因素。一件事情的成败，是由我们的天赋（天资卓越或资质平平）决定的，还是由外部条件造成的？
2. **永久性**（permanence）——我们视结果为暂时的还是永久性的。持悲观态度的人可能认为积极的结果是一次性的，而消极的结果则是永久性的。相比之下，乐观主义者将成功视为一个永久性因素并将其归因于某种天赋，而把消极的结果看作暂时的。
3. **普遍性**（pervasiveness）——个体对事件的全局性或独特性的看法，即我们倾向于认为事物是一致的、普遍的，还是具体的、情境化的。我们也许不太走运，便假定自己就是倒霉蛋（因此将一直倒霉下去）；或者我们将不走运与一套特定标准联系起来，认为这只是一个单独的事件，而非人生的脚本。

案例研究

雷切尔的日记

不敢相信我竟然得到了这份工作。面试一点儿也不顺利——我只有三分钟时间思考微格教学(micro-teach)[1]，而且我肯定回答问题含糊不清。不管怎么样，可能是侥幸吧，我得到了这份工作。前几周一切顺利——我猜，是因为我幸运地碰到了好学生。但明天系主任要来听课，这令我感到非常不安！他们就要发现真实的我了……只希望到时候学生不要淘气！

雷切尔似乎将自己的成功归因于外部因素，如幸运或碰到了好学生。通过这种方式，她对自己的经历进行了个性化解释。到目前为止，她还没有意识到自己在面试和教学的成功中所起的作用。此外，她似乎表现出“冒充者综合征”(imposter syndrome)的迹象——这是一种怀疑自身能力的心理模式，它最终会导致人们认为自己是“骗子”，进而害怕被他人拆穿这个“身份”(Clance and Imes, 1978)。雷切尔因此害怕系主任来听课，但是从另一个角度看，这实际上是非常积极的经历，也是展现自 131
我能力的好时机。

控制点

控制点(locus of control)描述了我们如何看待自己对事件所做的反应。布坎南和塞利格曼(Buchanen and Seligman，1995)认为，根据我们看待事物的方式，它可以分为内部控制点和外部控制点两类。拥有内部控制点的人，相信发生的事件是对他们的个性和处理事情方式的直接反应；而拥有外部控制点的人，则认为结果在很大程度上是独立的、不

---

① 微格教学是一种利用现代化手段培训师范生和在职教师的教学技术。通常来说，教师会在较短时间(5—20分钟)内尝试小型的课堂教学，同时将教学过程摄制成录像，课后与导师、同事和学生观看、分析，以便从他们那里获得建设性反馈，了解哪些方法有效，哪些方法需要改进。——译者注

受他们控制的。雷切尔属于后者，她看待学生的方式——希望学生在系主任来听课的时候能够好好表现——就很明显地表现出这一点。这说明，她觉得这个变量完全超出了自己的控制范围，在这个特定情境下，她立即变得更脆弱。

控制点与我们如何将成功和失败归因息息相关，反过来也影响着我们为追求成功而努力的积极性。如果人们渴望成功，将成功视为能够掌控的东西，那么他们就可能更有动力，并积极寻找有助于他们实现预期结果的策略。相反，如果人们将成功或失败归因于运气或命运，就更难集中精力，也更容易感觉到有压力或焦虑，因为他们觉得掌控不了自己的生活。研究表明，拥有内部控制点的人有更强的自尊心和更有效的应对策略（Macsinga and Nemeti, 2012）。

自我效能感

另一个与如何应对挑战相关的是我们对自身能力的信念。班杜拉称之为“自我效能感”（self-efficacy），即我们相信自己有能力影响生活中的事件（Bandura, 2008）。自我效能感塑造了我们思考和感受事物的方式，最终对我们的动机和行为产生影响。因此，那些自我效能感高的人，很可能对自己的能力更自信，在面对挑战的时候更有动力坚持下去。班杜拉认为，个体可以通过四种重要方式建立自我效能感：

1. **掌握经验**（mastery experiences）——*以坚持不懈的心态面对生活，从而实现现实的、具有挑战性的目标*。班杜拉认为，*弹性效能*（resilient efficacy）*需要通过坚持不懈克服障碍的经验来获得。失败是成功之母*（Bandura, 2008, p.2）。
2. **社会模仿**（social modelling）——*以榜样的力量鼓舞人。看到与自己相似的人通过不懈努力获得成功，能提升观察者对自身成功能*

力的信念（同上）。

3. **社会劝说**（social persuasion）——如果他人鼓励我们相信自己，我们更可能付出成功所需的努力。但这并不是任何人都能做到的，根据班杜拉的说法，成功的劝说者不仅要传达自己的信念，还需要有渊博的知识和娴熟的技能：

> 他们为他人创设成功所需的情境，避免过早地将其置于可能 132
> 失败的境地。他们鼓励以自我提升而非打败他人来判断成功。仅仅给他人打气，却不能提供切实可行的指导，收效甚微。（同上）

4. **生理状态**（physiological state）——强调情绪对判断效能的重要性。班杜拉认为，*减少焦虑和抑郁，增强体力和耐力，改变对身心状态的负面误解，可以增强效能信念*（同上，p.3）。

·案例研究·

雷切尔的日记

我不知道该怎么评价今天的课……这节课似乎上得还算顺利，学生们的表现很好，事实上他们好像很喜欢我给他们安排的活动。我想我是幸运的，今天他们的状态不错，所以他们表现得很棒……但是我不知道系主任会怎么看我。一开始我简直是在胡言乱语——我把一个目标忘了，不得不重来一遍；我在一个活动上花了五分钟，不得不调整教学计划。我敢打赌，她一定认为我的教学毫无章法。

可我收到的反馈似乎还不错。系主任说学生们很活跃（不知她是不是认为我应该更多地控制活动？），还针对我对课堂教学所做的调整发表了意见（她可能觉得我是做不好计划的那种人？）。随后，她说了一些很奇怪的话——你需要注意自己的语言。这令我惊慌失措起来，以为自己无意间说了什么脏话。但是她紧接着说……你对自己的评价……显然是非常消极的。天哪，这是不是意味着现在大家都认为我是个消极的人？

语言的重要性

根据纽伯格和瓦尔德曼（Newberg and Waldman, 2013）的研究，词语可以帮助我们翻译他人传达的信息，但也能实实在在地塑造我们的现实。有人认为，词语实际上可以塑造我们看待现实的方式：*人脑喜欢琢磨那些消极的幻想，而且还有一点非常奇怪，人脑能够对积极的和消极的幻想做出反应，就好像它们是真的一样*（Newberg and Waldman, 2013, p.27）。如果是这样的话，是否意味着我们选择的词语，很可能会对我们的思考方式产生显著影响，进而影响我们感知特定情境甚至自我的方式？在雷切尔的例子中，她收到的所有正面反馈，似乎都被她自己的消极想法淹没，甚至包括系主任提出的非常有建设性的建议——注意自我评价时的语言。

针对语言和思想的关联所做的研究表明，人脑的这些特征和我们的感觉也存在联系。巴特勒和霍普引用了对焦虑症患者进行的一项实验——这些人在平静、自在的时候，被要求大声读出一些成对的词。*如果他们读到了诸如“气喘吁吁—窒息”“心悸—垂死”这样成对的词，*
133 *就会感受到突然袭来的强烈的焦虑，开始陷入恐慌*（Butler and Hope, 2007, p.74）。这个研究被用来证明由语言触发的思想又是如何反过来影响我们的感受的。如图 10.2 所示，这会很自然地演变成抑郁或焦虑的循环。

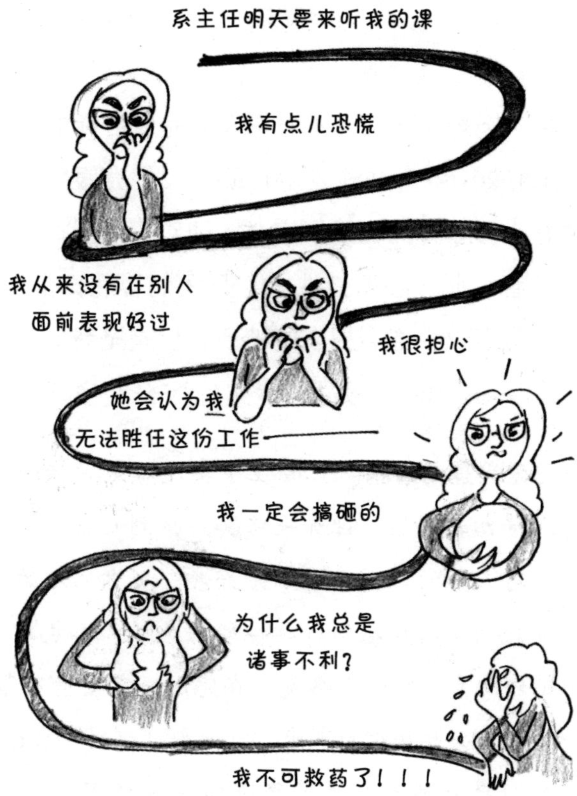

图 10.2　恶性循环

培养心理弹性的策略

是什么使一些人比其他人更具心理弹性呢？我们通常会将心理弹性 134
描述为一种个人特质，认为某人是个具备心理弹性或不具备心理弹性的人。据此我们很自然就会假定心理弹性是天生的，而非可以培养的。但一些资料显示，实际上我们可以培养自己的心理弹性，并将其融入我们的日常生活。

坚毅

达克沃斯将“坚毅”（grit）视为与人们完成目标的毅力相关的积极特质（Duckworth, 2016）。这种毅力有助于我们克服障碍，为取得成就提供动力。这好比心理弹性的早期定义，即对可能阻挡我们进步的挑战所持的态度。尽管如此，心理弹性本身是我们管理日常生活所需要的，也是我们所有人多多少少都会拥有的特质，但是坚毅似乎与成功所需的激情和毅力尤其相关。培养坚毅品质涉及五个关键方面：

1. **追求自己感兴趣的事情**。当专注于实现特定目标的时候，这一点似乎体现得尤其明显，但如果将其应用到日常生活中会怎样呢？大多数人对工作的各方面都不感兴趣，那么问题的关键就在于平衡你不喜欢的（例如抱怨行政性的任务）和喜欢的（或许是准备材料）工作要素。我的策略是，在完成一定数量不喜欢的任务后，花一小时左右去做喜欢的事情，以此来“奖励”自己。
2. **练习**。要想擅长某事，我们很可能需要练习，这一点儿也不奇怪，但重点是要在我们自认为“薄弱”的事情上下功夫。这呼应了班杜拉（Bandura, 2008）关于构建效能的一些观点，且与埃里克森等人（Ericsson, 1993）的研究类似，即提倡通过“刻意练习”（deliberate practice）来改进。刻意练习指的是那些能够最有效地提升表现的活动，因此它是有目的、系统的练习，而非仅仅重复练习。如果我们希望我们的练习能够不断发展，最重要的就是找出可改进之处，然后与该领域的“专家练习”进行比较。
3. **找到目标**。为我们的活动设定明确的目标，无疑会使活动更具激励性。趣味盎然、目标明确的活动当然更能激发进一步的练习。
4. **拥有希望**。它并非指愿望，而是指采用积极的方法。我们拥有希望，因为我们相信我们会有所成就。

5. **加入团体**。这是指获得志趣相投者的支持，如此团体将坚韧不拔。
与目标明确、有积极方法的人在一起，我们更可能为自己的努力
注入活力。有时你可能会想到这样一句话：你是与自己相处时间
最长的五个人的总和［通常认为是励志演说家吉姆·罗恩（Jim
Rohn）的观点］。这也许是一个简单化的看法，但有证据表明， 135
我们的社交网络对我们的生活有重要影响（Christakis and Fowler,
2011）。毕竟，长时间与我们相处的人，会影响我们的经历、看法
和对自我的认识。如果我们想实现某个特定的目标，花时间和志
同道合、有可能提供支持的人在一起似乎很有意义。

·停一停·

回顾培养坚毅品质的五个关键方面，想想雷切尔哪个地方出了问题。

·案例研究·

雷切尔的日记

对听课的反馈，我想了很多，今天又看了一遍课堂记录。我的课堂还是有许多积极方面的，不知道为什么那时我没有注意到。今天我和一位同事聊到这件事。她的话真的给了我很大帮助。她说她当年也是这样，会因为别人对自己教学的评判而陷入恐慌。她还提到使用同伴观察（peer observation）的方法，即让一名同事而非管理者旁听我的课，然后讨论哪些是好的方面，哪里需要改进。我很喜欢这个主意，它让我感觉不那么害怕，我想我应该多听反馈意见——我一定要试试这个方法。

心理弹性强的人具有哪些特征

根据格兰特和金曼（Grant and Kinman, 2013）的研究，情绪弹性也许应该被描述为：在事情变得糟糕时从逆境中恢复的能力，它强调采用适当策略的重要性。这些策略包括我们已经讨论过的内容，比如乐观、自我效能感和良好的支持网络，也包括反思、自我意识、自理能力，以及工作与生活的平衡。这些都是实用的日常应对技能。

正如本章建议的那样，我们可以学着采用更积极的方法，这将帮助我们找到应对挑战的策略。我当然认同这一点，但我认为，建设性的乐观主义和盲目的乐观主义是不同的，前者可被视为一种摆脱挫折的策略，后者可能只涉及积极的想法，而不去解决或深入思考最初的障碍。对要成为什么样的人，要做什么样的事情，我们不能只下决心而不去改进，
136 以致重蹈覆辙。我们必须弄清楚要改变什么，并采取明确的措施。盲目的乐观主义会使我们失去心理弹性，因为我们并没有直接解决困扰我们的问题，而是将它们搁置起来，下次我们十之八九会再被它们绊倒。

一个提升心理弹性的更有效的方式是发展我们的情绪智力，因为它为我们客观地思考和感受事件及其相互作用，提供了一个“安全”的空间。发展情绪智力意味着感受我们的情绪，并且能够接受它们的本质（即情绪本身，而非真理、事实或规章）。这反过来又使我们能够更灵活地应对各种情况。当我们接受情绪本身时，我们就不会被它左右，能够更客观地看待不同的情境。与告诉我们自己要更积极（或者十指交叉、屏住呼吸以祈求好运）相比，这无疑是一个更有效的方法。

另一个提升心理弹性的关键方式，是发展我们应对挑战或处理艰难境况的能力。对此，大多数方法都需要我们清楚地说明问题或焦虑，然后概述处理问题的方法。根据具体情况，我们可以采用多种策略。例如，如果我们正在解决一个实际问题，我们就可以用思维导图来探索问题的要素，然后概括出一些有助于我们解决问题的具体策略。当问题或焦虑

不太实际、不太具体时，比如我们对某件事的感受，我们也许就需要考虑一种能够让我们重构思想和感受的方法。在这种情况下，使用反思和重构模型是一个颇具成效的策略。伯恩斯（Burns, 1999）提出了一种方法，被称为“幸福四步法”。它依据的是反思和分析模型，这种模型凸显了自动思维和认知扭曲，在实践中通过四个步骤来实现： 137

1. 识别情境。
2. 记录你对该情境的消极感受。
3. 使用三栏法，调整自动思维、感受和扭曲。
4. 重新审视你对最初所列的自动思维的相信程度。

这是一种简单的方法，它通过中和情绪反应来增强我们思维的客观性。三栏法是指创建一个表，以涵盖图 10.3 中概述的三个方面。

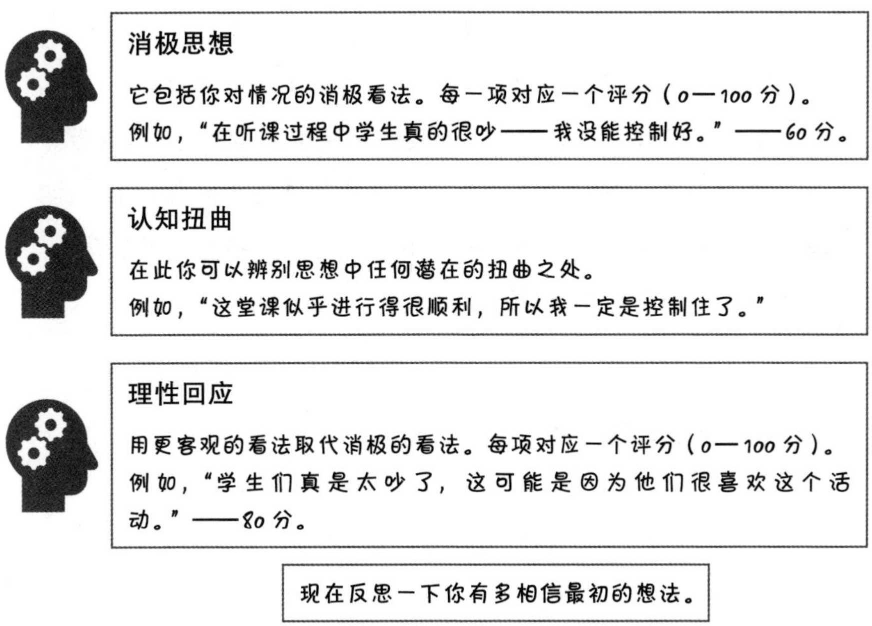

图 10.3　三栏法（改编自 Burns,1999）

·案例研究·

雷切尔的日记

今天我做了一个同伴观察，它给了我很大的启发！我的同事听了整堂课，最后还花了半小时和我讨论。她对我使用的一些策略兴奋不已，还问我是否介意与她分享。我真是受宠若惊——一位经验丰富的同事竟然想学习我采用的方法！有趣的是，对我的自我评价，这位同事提出了与系主任相同的反馈。当事情进展不顺利时，我确实会慌乱、自责。这无疑会开启一个消极循环，令我忘记了所有好的方面。我需要记住，事情进展不顺利，有时并不意味着全是自己的问题。这真是一个难以改变的习惯。但是今天有人向我介绍了一个克服这个坏习惯的有用策略，就是采用一系列简单的措施，包括真诚地反思并质疑自己的想法。它确实使我变得更加客观了。这就像打开了一扇窗，阳光一下子倾泻进来，照亮了整个房间。太神奇了！事实上，这给了我一个启发——我要想办法帮助其他人也这样做。我确实注意到，我的许多学生也有同样的问题，他们对自己过分挑剔，并因此感到非常不安。我一定可以做些什么来帮助他们从不同的角度考虑问题。

帮助他人提升心理弹性

雷切尔在管理自己对事件的情绪反应方面显然获得了启示，反过来，她能够用更客观的方式重构它们。这无疑是一项技能，不仅能帮助所有人应对挫折，追求特定目标，也有助于我们支持他人提升心理弹性。

138 本章的大部分内容适用于教师和学生，心理弹性的关键方面，如自我效能感、锲而不舍的精神和情绪智力也是如此。但是我们如何将这类活动融入课堂，同时又不偏离我们所教的主题呢？基于我们已探索过的基础理论，有许多策略可以使用。

- **建立联系**——在合作学习中找机会与他人建立联系，适用于大部分课堂环境。如果课堂活动基于与积极协作相关的约定规则，那么这种策略就尤为有用。
- **创造一个建设性的学习环境**——鼓励知识共建。这有利于向学生说明，很少有一种做法能解决所有问题，也很少有一个观点适用于生活的所有领域。让学生探索不同主题，你也就为他们提供了一个空间，使他们习惯于解决问题，而这是提高心理弹性的关键技能。
- **视问题为挑战**——它可能以任务的动机为中心，并围绕寻找答案来营造激动人心的感觉。情境法、讲故事和案例研究也可以有效地提高这种技能。
- **定期改变**——尽管有人认为课堂需要一个固定的结构，但如果我们不引入变化，就可能限制学生在不同环境中有效学习的能力。引入并讨论变化也是在向学生强调，它是生活的重要方面，是我们都需要应对的事情。
- **使用个人目标**——它使我们能够与学生单独合作，讨论他们在特定活动中采用的方法。这个策略还表明，我们可以采取行动迎接挑战或取得新成就，这反过来有助于我们建立自我效能感。
- **鼓励反思**——它可以通过让学生反思自己的学习和在特定活动中采用的方法来实现，也有助于学生保持自己的观点。鼓励客观、诚实地反思，将使学生更容易把事物和背景联系起来，而非孤立看待。
- **培养对自己和他人的积极看法**——使用同伴评估、自我评估和反馈，鼓励学生诚实地反思自己和他人取得的成就。

上面的建议都是有效的教学策略，你也许已经在使用了，所以无须做出太大的改变。唯一不同的是，重点也许应放在培养人际关系和情感技能上，而非认知技能上，策略本身不变。

本章小结

现在人们已经普遍认识到了心理弹性的重要性，并将其视为成功的一个要素。不仅如此，它对维持心理健康和幸福感也相当重要。本章探
139 讨了心理弹性的含义，以及如何在我们的工作中加以应用；还讨论了一系列策略，以培养自己和他人的心理弹性。

导师时刻

我们为你设置了与导师讨论的起点，你可以据此讨论整章的内容。提出以下问题的目的是鼓励你审视对本章涉及概念的理解，并考虑它们会以何种方式影响你的教学。

- 对你来说心理弹性意味着什么？
- 你的心理弹性在何时较强，何时较弱？
- 你会使用什么策略来建立自己的心理弹性？
- 你会采用什么方式来帮助学生提升心理弹性？

拓展阅读

Butler, G and Hope, T (2007) *Manage Your Mind: The Mental Fitness Guide* (2nd ed). Oxford: Oxford University Press.

Lakoff, G and Johnson, M (2003) *Metaphors We Live By*. London: University of Chicago Press.

参考文献

Bandura, A (2008) An agentic perspective on positive psychology, in Lopez, SJ (ed) *Positive Psychology: Expecting the Best in People.* Volume 1. New York: Praeger.

Buchanen, G M and Seligman, M E P (1995) *Explanatory Style.* Hillsdale, NJ: Erlbaum.

Burns, D D (1999) *The Feeling Good Handbook.* New York: Plume.

Butler, G and Hope, T (2007) *Manage Your Mind: The Mental Fitness Guide* (2nd ed). Oxford: Oxford University Press.

Christakis, N A and Fowler, J H (2011) *Connected: The Amazing Power of Social Networks and How They Shape Our Lives*. London: Harper Press.

Clance, P and Imes, S (1978) The imposter phenomenon in high achieving women: dynamics and therapeutic intervention. *Psychotherapy Theory, Research and Practice,* 15 (3): 1–8.

Duckworth, A (2016) *Grit: The Power of Passion and Perseverence.* New York: Scribner.

Ericsson, K A, Krampe, R T and Clemens, T-R (1993) The role of 140
deliberate practice in the acquisi-tion of expert performance. *Psychological Review*, 100 (3): 363–406.

Grant, L and Kinman, G (2013). 'Bouncing back?' Personal representations of resilience of student and experienced social workers. *Practice: Social Work in Action,* 25 (5). Available at **https://doi.org/10.1080/09503153.2013.860092**

Health and Safety Executive (2018) Work related stress depression or anxiety statistics in Great Britain, 2018. Available at **www.hse.gov.uk/statistics/causdis/stress.pdf** (Accessed 13 April 2019).

Lakoff, G and Johnson, M (2003) *Metaphors We Live By.* London: University of Chicago Press.

Macsinga, I and Nemeti, I (2012) The relation between explanatory style, locus of control and self-esteem in a sample of university students. *Science Direct*, 33 (25): 29.

Newberg, A and Waldman, M R (2013) *Words Can Change Your Brain: 12 Conversation Strategies to Build Trust, Resolve Conflict, and Increase Intimacy.* New York: Plume.

Seligman, M (2018) *Learned Optimism: How to Change Your Mind and Your Life.* London: Nicholas Brealey Publishing.

结 语

本书的写作，是为了帮助你加深对教育理论的理解，了解如何将理 141
论与实践联系起来。我们的目的是呈现这些信息，使你能够进行个性化选择，以便借鉴一些非常实用的想法，并最终改善你的教学和学生的学习。这不是简单地遵照别人的教学“提示与技巧”就能做到的。教学和学习一样，是一件非常个人化的事情，因此我们需要仔细考虑我们使用的方法。

书中的故事概括了我们可能遇到的一系列事件，并证实了我们每个人都在以不同的方式解读和应对这些事件，有时在这个过程中还会使用多种策略。其实本该如此。正如人际关系的各方面一样，教学也是一种关系技能，应适应教师和学生的需要。为了有效地做到这一点，我们在

解读情境、运用策略进行管理时，需要灵活地运用方法。理论和故事为我们提供了所需信息，但这并不是说我们就可以止步于此了——为了发展教学，我们都需要继续学习；这意味着思考我们的方法，寻找替代方案，并继续竭尽所能做到最好。

爱因斯坦有一句名言："并不是我比别人更聪明，而是我与问题相处得更久。"这对所有人来说都是一个重要信息，我们要补充的是，如果你花时间从不同角度看待问题，问题是可以改变的。最重要的是开放思想，持之以恒。有鉴于此，让我们回到爱因斯坦的另一句名言："生活就像骑自行车，为了保持平衡，你必须勇往直前。"祝你旅途愉快。

索 引*

* 索引左栏中的数字，均为英文原版页码，即本书边码。——译者注

图书在版编目（CIP）数据

学习理论的日常教学应用 /（英）卡萝尔·汤普森（Carol Thompson），（英）莉迪娅·斯彭斯利（Lydia Spenceley）著；郭晓娜译．-- 上海：上海教育出版社，2022.7（2023.5 重印）
ISBN 978-7-5720-1525-0

Ⅰ．①学… Ⅱ．①卡… ②莉… ③郭… Ⅲ．①教学研究 Ⅳ．①G420

中国版本图书馆 CIP 数据核字（2022）第 110025 号

上海市版权局著作权合同登记号 图字 09-2022-0239 号

策　　划 源创图书
责任编辑 董　洪
特约编辑 李热爱
责任印制 梁燕青
内文设计 许　扬
封面设计 奇文云海

Xuexi Lilun De Richang Jiaoxue Yingyong
学习理论的日常教学应用
［英］卡萝尔·汤普森（Carol Thompson）
［英］莉迪娅·斯彭斯利（Lydia Spenceley） 著
郭晓娜 译

出版发行 上海教育出版社有限公司
官　　网 www.seph.com.cn
地　　址 上海市闵行区号景路159弄C座
邮　　编 201101
印　　刷 北京华宇信诺印刷有限公司
开　　本 710×1000 1/16 印张 13.5 插页 1
字　　数 180千字
版　　次 2022 年 7 月第 1 版
印　　次 2023 年 5 月第 2 次印刷
印　　数 6,001—9,000 本
书　　号 ISBN 978-7-5720-1525-0/G·1219
定　　价 68.00元

如发现质量问题，请向本社调换 电话 021-64373213

Learning Theories for Everyday Teaching

ISBN 9781526469809

First published in 2020